DATE DUE

MAR 1 0 2017	

BRODART, CO.   Cat. No. 23-221

EL AMOR NO DUELE

Montse Barderi

El amor no duele

Todo lo que debes saber
sobre el amor verdadero

URANO
Argentina – Chile – Colombia – España
Estados Unidos – México – Perú – Uruguay – Venezuela

1.ª edición Mayo 2016

Copyright © 2016 by Montse Barderi
All Rights Reserved
© 2016 *by* Ediciones Urano, S.A.U.
Aribau, 142, pral. – 08036 Barcelona
www.mundourano.com
www.edicionessurano.com

ISBN: 978-84-7953-934-4
E-ISBN: 978-84-9944-934-0
Depósito legal: B-1.612-2016

Fotocomposición: Ediciones Urano, S.A.U.
Impreso por Rodesa, S.A. – Polígono Industrial San Miguel
Parcelas E7–E8 – 31132 Villatuerta (Navarra)

Impreso en España – *Printed in Spain*

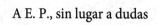

A E. P., sin lugar a dudas

Me atormenta tu amor que no me sirve de puente
Porque un puente no se sostiene de un solo lado.

JULIO CORTÁZAR

Pues la mujer es fácil de engañar cuando se cree amada.

CARITÓN DE AFRODISIAS

Maldito sea aquel que al principio de una historia de
amor no crea que ha de ser para siempre.

COLETTE

ÍNDICE

PRIMERA PARTE

El amor que te hace vivir sin vivir en ti

SEGUNDA PARTE
Y ahora tú

INTRODUCCIÓN

Este libro trata de las relaciones afectivas problemáticas. No debe confundirse con el maltrato. Tienes una relación afectiva problemática si estás enamorada de alguien que no te corresponde e inviertes buena parte de tu tiempo procurando que te quiera. Significa que estás enganchada a alguien que te hace infeliz. Esto y sólo esto es lo que hace que una relación sea problemática: que pierdas la vida, el tiempo y todo tu entusiasmo al lado de alguien que no te da lo que quieres: sea un amor de plenitud, un compromiso o estabilidad.

Tienes un problema si siempre estás sufriendo, si te has enamorado de un olmo y cada día observas sus ramas para ver si encuentras, por fin, las peras que tanto anhelas. Lo verdaderamente problemático es tu apego a algo, a todas luces, insatisfactorio.

Las circunstancias que pueden hacer que estés sufriendo por amor pueden ser diversas: lo ves menos de lo que quisieras, te llama y te escribe poco, no deja a su pareja por ti, no te sientes del todo amada, priorizada o deseada pero te empeñas una y otra vez en conseguir que te quiera.

Y los pretextos que te das a ti misma para soportar esta situación son igualmente infinitos: excusarlo diciéndote que no se ha encontrado a sí mismo (¿dónde habrá ido para perderse así?). O el número uno en este *ranking* de excusas: tiene miedo a enamorarse de ti.

Pero la verdad es que alguien que tiene miedo a enamorarse, simplemente, no está enamorado. Enamorarse es *to fall in love*, que en inglés significa, literalmente, «caer en el amor». O *tomber amoureaux*, que es exactamente lo mismo en francés. Ambas locuciones contienen un conocimiento profundo de la vida porque o bien te has caído o bien no te vas a caer nunca, y es que en el enamorarse no hay medias tintas.

A pesar de ello, hay mucha gente que no puede enamorarse, ni amar bien de verdad a nadie y no por ello renuncia a ser amada. Y lo hacen en muchísimas circunstancias, incluso dentro de una convivencia diaria. Nietzsche los calificó como parásitos: aquel ser capaz de vivir de amor sin amar. Y amar, amar de verdad, no debe confundirse con que te haya dicho que te quiere o que os hayáis acostado muchas veces.

La cuestión es que tienes un grave problema si amar a alguien te resulta, ahora y aquí, insatisfactorio y algo te dice que tus esfuerzos son inútiles para conseguir que te quiera de otra forma.

Con este libro quisiera evitarte lo que he oído tres veces en mi vida casi con las mismas palabras:

- En el libro *La calle de las Camelias,* de Mercè Rodoreda, la protagonista analiza su vida y concluye: «En enamorarme y desenamorarme se me ha escapado la vida».

- En otra ocasión escuché a una bella mujer de sesenta años confesarme: «Si todo el tiempo, energía y espera que he invertido en el amor, lo hubiera dedicado a mí misma, hoy tendría un Premio Nobel. Repaso los hombres que he amado, las locuras que he hecho, todo el tiempo perdido, y ojalá pudiera volver atrás y saber lo que ahora sé».

- Finalmente, cuando le pregunté a mi querida profesora, una verdadera intelectual de la Segunda República, poco antes de morir, de qué era de lo que más se arrepentía en esta vida, me contestó sin titubear: «Perder tanto tiempo, sufrir tanto, por gente que no valía la pena».

Este libro se basa en la filosofía aristotélica, aunque no haya muchas referencias al filófosofo en él ni sea un estudio ni un tratado. He actualizado a mi entorno real, de la vida diaria, concretamente en el amor, lo que he aprendido de sus escritos. Aun así, no he escrito este libro con el corpus aristotélico al lado, ni lo he consultado, ni tan siquiera releído. Simplemente, he dejado que todo lo que he logrado comprender de su filosofía me permitiera ahora ver, analizar y comprender el mundo de las relaciones amorosas desde sus enseñanzas. Aristóteles jamás diría lo que yo afirmo en estas páginas, pero tampoco yo analizaría la realidad del modo en que lo hago si no me hubiera aproximado a su obra.

- -

NOTA BENE

Este libro se dirige, a una hipotética lectora. Esto se debe a que, tal y como se explica en el capítulo «El amor romántico», las mujeres acostumbran a vivir el amor como la forma suprema de entrega y sacrificio. Evidentemente, también es válido para todos aquellos hombres que hayan amado a alguien «más que a su propia vida»; estoy segura de que podrán leer sin ninguna dificultad los párrafos escritos en femenino, pues al fin y al cabo saben que las mujeres llevamos muchos años —por no decir toda la vida y toda la historia— leyendo libros que se dirigen a un género concreto aunque se utilice indistintamente para incluir a toda la humanidad. Aquí ocurre lo mismo: cada lector podrá traducir, sin ningún problema, lo que aquí se dice a su realidad concreta.

También, buena parte de los ejemplos y situaciones que encontrarás corresponden a relaciones entre hombre y mujer, pero son perfectamente válidos para todo tipo de relaciones con independencia de la orientación sexual de sus protagonistas.

En definitiva, este libro es para todos los que después de leer el apartado «¿Este libro está escrito para mí?» puedan contestar que sí; todas las demás de circunstancias son accesorias.

Querido lector, querida lectora, este libro es para todos los que formamos parte de la gran familia de los perturbados por una gran historia de amor imposible; el resto es sólo una anécdota.

- -

GUÍA DE LECTURA

El libro que tienes en tus manos está dividido en dos partes:

La primera parte: «El amor que te hace vivir sin vivir en ti» analiza las características del «amor imposible».

La segunda parte: tiene una relación directa con tu vida, con cómo mejorarla al margen de esa historia de amor. El plan de trabajo de la segunda parte consta de cinco ámbitos: «Establecer tus objetivos y prioridades vitales»; «Técnicas, habilidades y actitudes para lograrlos»; «El desarrollo de cualidades éticas»; «Profundizar en el conocimiento de ti misma» y tener una actitud general que posibilite «Disfrutar» al máximo de todo ello.

La base de este sistema es que si aumentas tu bienestar es más difícil que vivas un mal amor, porque un amor doloroso es el resultado indirecto de una baja calidad de vida, de poca autoestima o de entender el amor como sinónimo de renuncia y sacrificio.

Tómate este libro como un curso: con apuntes, indicaciones y ejercicios. Con su apartado teórico y práctico de una materia que, desafortunadamente, no está en los centros educativos: una buena educación afectiva y algunas de las claves del arte de vivir. Empecemos.

PRIMERA PARTE

El amor que te hace vivir sin vivir en ti

¿CÓMO TE SIENTES?

Comprueba si te sientes identificada con alguna de las siguientes afirmaciones.

1. No te satisface y a pesar de ello estás todo el día pendiente.

2. Estás esperando un milagro: el momento en que finalmente te dirá y te hará sentir como realmente quieres; el día en que redimirá todas las culpas y hará que valgan la pena todos tus esfuerzos.

3. Pasas demasiadas horas, y tú lo sabes, pendiente del móvil, de los SMS, de los correos electrónicos, del teléfono o del chat.

4. Vives continuamente como si estuvieras a punto de tomar una decisión definitiva, como si siempre se estuviera cociendo algo esencial que determinará el futuro de la relación. Todo es trascendente, definitivo, culminante (vives un estado de exaltación constante dentro de una historia que, en realidad, no avanza).

5. Sientes una imperiosa necesidad, auténticos momentos de descontrol, en los que no puedes evitar llamarlo, escribirle una carta o mandarle un mensaje al móvil y estar pendiente de su respuesta.

6. Afecta a tu calidad de vida, dedicas tiempo a esta relación a costa de tu trabajo, tus amistades o tu familia.

7. Vives euforias sin memoria: cada vez que se acerca a ti, os encontráis, te dice que te quiere (o tenéis sexo), te olvidas de todo y te recolocas de nuevo en el punto de partida. Repites el mismo argumento de esta historia una y otra vez sin memoria ni aprendizaje.

8. Te autoengañas: tienes una memoria selectiva o distorsión de la realidad, como creer que en el fondo te quiere más de lo que te demuestra. Vas más allá de lo que la realidad por sí misma indica.

9. Hablas constantemente de él o ella a tus amistades. Es tu principal centro de interés.

10. Te sientes congelada emocionalmente hacia todo lo que no esté relacionado con la persona amada, como si la auténtica vida sólo estuviera a su lado.

11. Estás dedicada en cuerpo y alma a descifrar su misterio. Analizas su comportamiento, sus palabras, sus reacciones con el fin de entender realmente quién es y lo que siente de veras por ti.

12. Si coincides en algunos de estos puntos —o con la mayoría—, éste es tu libro.

- **Enfréntate a la situación real.** Simplemente, comprende que no te ama como te gustaría. No se trata de que tomes ninguna decisión, tan sólo de que asumas la verdadera situación en la que te encuentras.

- **El amor no es una victoria a la que se llega después de una ardua lucha.** No serás más amada por estar todo el día pendiente; es más, es posible que se aleje de ti porque le resulte difícil gestionar las enormes dosis de atenciones que precisas.

Tal como ya he anunciado, en esta primera sección del libro te mostraré las características del mal amor, un amor que, parafraseando a la insigne poeta mística, te hace vivir sin vivir en ti (algo que en el fondo no es nada deseable; el verdadero amor te hace vivir especialmente en ti, te impulsa al centro de tu vida). Una buena fórmula fue la que utilizó la filósofa Hannah Arendt cuando escribió a alguien a quien amaba: «Al encontrarme contigo me encontré a mí misma».

Te lo preguntaré de otra manera, ¿te gustas tal como eres con la persona amada?

Te lo diré incluso de otra forma: ¿enamorada de esa persona te encuentras con tu mejor yo? ¿O, como mínimo, con un yo con el que puedas identificarte? Concretando: ¿te ríes más o en cambio lloras con asiduidad?; ¿eres más decidida o, por el contrario, te sientes más insegura?; ¿sientes serenidad o ansiedad?; ¿tienes más ilusiones o simplemente vives obsesionada?; ¿piensas bien, con claridad, o, por el contrario, te sientes más confundida que nunca?

Ten bien claro que, si la persona en la que te has convertido a su lado no te gusta, entonces es que esta relación te aleja de tu verdadero yo. Si te has convertido en alguien que no te gusta, te sientes pequeña y una triste versión de lo que eres, ya tienes un buen indicador de que existe un grave problema; esto te servirá especialmente cuando todas las otras razones son confusas.

¿EL AMOR VERDADERO EXISTE?

En este libro no esperes encontrar lo de siempre. No voy a decirte que estás enferma porque sufres una dependencia insana, padeces un trastorno afectivo. No voy a tratarte como si sufrieras un proceso patológico porque te has enamorado y eres infeliz. Lo realmente malsano sería que no llegaras a querer nunca a nadie.

Pero el amor es un tipo de felicidad que sólo se consigue con la ayuda de quien amas. Si este camino queda vedado, entonces, y sólo entonces, te van a servir las explicaciones, consuelos y caminos que dependen de ti como los que incluye este libro.

Amar sin ser amada es una cuestión de mala suerte que no depende de tus méritos o talentos personales.

Así que no voy a tratar el amor como una enfermedad (nuestra sociedad, con un infantilismo generalizado, juzga como patológico todo lo que nos puede hacer sufrir, olvidando que es lo único que también nos puede hacer crecer). Amar es una facultad, una capacidad y un talento. Así que te felicito, porque si amas significa que tienes unas capacidades impresionantes: sed de vida, fuerza para buscar algo más y no conformarte, espíritu de lucha, tenacidad y constancia. Deseas ser feliz y estás dispuesta a luchar con toda tu generosidad y capacidad de amar para conseguirlo. Buscas la dicha a través de tus capacidades más evolucionadas.

Eres alguien inconformista y esto significa un potencial enorme que debe canalizarse adecuadamente para evitar una frustración constante.

Pero quédate ahora con una idea fundamental: si amas de verdad, si amas tanto, es porque **tú, y solo tú, tienes esta capacidad maravillosa:** la de querer así. No creas que te la causa la persona a la que quieres: se trata única y exclusivamente de tus facultades. Eres tú quien puede sentir así, y esta capacidad, tan grande, podrás aplicarla en muchos aspectos de tu vida. En el amor, sin embargo, no es suficiente con el amor; la otra persona puede morir, dejarte, abandonarte, no quererte del mismo modo…, y es necesario seguir viviendo. Además, **el amor enamorado, el amor pasión, es un gran amor, el más inmenso y representativo de todos los amores humanos, pero no equivale a todos los amores posibles.**

Así que amas de verdad pero, por las razones que sean, no es un amor gratificante y, tarde o temprano, vas a tener que preguntarte: ¿y ahora qué? Este interrogante marcará el momento de tu vida en que vas a poder **descubrir otras formas de amor, empezando por el amor propio. No será igual, no será lo mismo, pero te aseguro que será infinitamente mejor que malvivir ante un imposible o estar continuamente frustrada.**

A pesar de que puedas sentirte disgustada, engañada, estafada… quisiera que esta fase te durara poco, la verdadera protagonista de esta historia no es quien amas, eres tú. **No son tan importantes las vivencias que tengas sino la clase de persona en que éstas te conviertan. No importa lo que hayas vivido; será un triunfo si te han convertido en una persona más sabia, más consciente, más equilibrada. Pero, en cambio, será un fracaso si han hecho de ti alguien rencoroso o agrio. Éste es el verdadero éxito de tus vivencias: la persona en la que acaban convirtiéndote.**

ATRÉVETE A VIVIR
EL DUELO

Es posible que pases por una fase de dolor, de duelo. Es lo sano y natural. Lo extraño sería que lo superaras con rapidez, que pasaras página, que te medicaras para no sentir lo que te toca vivir. Es más, te aconsejo que no tengas prisa en superarlo ni en dejarlo atrás. **Las vivencias, si son de verdad, dejan marcas.** Cuando te mires tal como eres y veas lo vivido como una historia de amor importantísima de la cual no pretendes librarte antes de tiempo, esta aceptación, la posibilidad de sufrirla y recordarla en libertad, paradójicamente, te liberará.

La ley del Tao dice: «Lo que se resiste, persiste». Es decir, **tus esfuerzos en no pensar, no recordar, olvidar... no hacen más que dirigirte hacia la presencia de la ausencia.** Vívelo con tranquilidad, sin tensión, cuidándote, permitiéndote que los sentimientos aparezcan, pero sin dejar de trabajar los diferentes aspectos que trataremos en la segunda parte del libro.

Lo que sí puedo asegurarte es que este libro no te servirá para contestar la pregunta que te haces a todas horas: «¿Qué ha ocurrido? ¿Qué ha pasado? ¿Cómo es posible que nos haya vencido una estúpida tragedia?» Sólo te diré que quizás te ame, aunque no lo suficiente o no como tú querrías, pero ¿qué más da? Lo que de veras importa es quién eres tú, y en particular quién deseas ser. No malgastes más tiempo dirigiendo tu atención, recursos y pensamientos hacia alguien cuyos sentimientos y acciones no dependen de ti. Tu tiempo permanece parado si sigues insistiendo en algo imposible: que sea alguien diferente, que te quiera de un modo diferente. En la próxima sección intentaré convencerte de la inutilidad de rastrear la respuesta definitiva a qué siente «realmente» por ti.

Ahora **estás viviendo un momento único en tu vida**, el instante de las grandes opciones vitales: aquél que a todos nos llega en el que decidimos quién seremos y así será hasta el final.

Quizás tus querencias estén en este momento rotas y es muy difícil decidir quién ser después de que un deseo y un corazón se hayan hecho trizas, pero recuerda que **lo que verdaderamente cuenta no es hasta qué punto has amado, sino tu propia capacidad de amar.**

Este fragmento de un poema ilustra lo que trato de decirte:

Lo digo contento: mucho he amado y mucho tengo que amar. Quiero que todo el mundo lo sepa. Desde la altura clara de este cuerpo que me hace de eco o de respuesta cuando el deseo reclama plenitudes, desde la intensidad de una mirada o bien desde la espuma de un solo beso, proclamo mi amor, lo legitimo.

(MIQUEL MARTÍ I POL, *Mucho he amado*).

Legitimar tu amor es legitimarte a ti. Fíjate en la potencia y la fuerza de sus palabras. Martí i Pol iba en silla de ruedas, postrado por una esclerosis múltiple degenerativa, pero se refiere a la altura de su cuerpo cuando ama… No habla del resultado que obtuvo, de cómo continuaron esos besos, esas miradas. ¿Qué más daba que las miradas estuvieran distraídas o sólo se miraran a sí mismas? Proclama su propia altura porque es él quien crece cuando ama. De lo que se trata es de que él fue capaz de vivirlo, de sentirlo. Nos dice: «Yo estuve allí y, en el momento en que pude amar, amé». Igual que tú.

- Amar, ser amada, que la relación funcione... depende en buena medida de la suerte. Es difícil aceptar la enorme parte fortuita que tiene el amor. En todo caso, **ser amada no es una cuestión de continuos esfuerzos, méritos y talentos.** El amor tiene una fórmula paradójica: ninguna cualidad personal por sí sola consigue enamorar a nadie, pero **si te enamoras de alguien sin cualidades no podrás mantener la relación.** Lo que está clarísimo es que «sólo» con amor y dedicación no lograrás que nadie te quiera. Mediante tus méritos **no conseguirás ser amada, pero es muy fácil que acabes siendo utilizada.**

- **Imagínate** por un instante que todos los recursos, tiempo, esfuerzo... toda esta energía que dedicas a esta relación obsesiva y frustrante, la canalizaras hacia ti o hacia personas que valgan la pena...

- **No conviertas** tu vida en el inútil tránsito consistente en intentar alejarte y volver a acercarte de quien nunca consigues separarte por completo. De ese modo sólo tendrás una vida circular y sin progreso.

- **Tu punto de inicio** es estar convencida de que no quieres detener tu vida ante algo inamovible. Al preguntarte «¿y ahora qué?» permites que tu historia continúe.

NUNCA SABRÁS LA VERDAD
DE SI TE QUIERE O NO

El secreto es que no hay secreto. La única explicación es que no hay explicación. Por mucho que analices y te exprimas el cerebro, te quedes sin palabras y tu actividad neuronal esté tan agotada que en cualquier momento parece que vas a sufrir un cortocircuito mental… jamás sabrás con absoluta certeza: «¿Qué siente "realmente"?». «¿Te quiere?». «¿Qué es lo que está pasando, cómo ha podido cambiar en tan poco tiempo?». Preguntas como éstas y todas las que se les parecen están condenadas a vagar infinitamente por tu cabeza sin hallar jamás reposo: nunca conseguirás una respuesta definitiva. Estás sometida a la interpretación y las acciones soportan un número infinito de interpretaciones posibles.

Lo siento, la otra persona es un misterio inescrutable. Pero a pesar de ello intenta quedarte con una verdad fundamental: no parece estar haciendo nada para que lo comprendas, no intenta explicarte la dimensión exacta de su amor, no está luchando para que seas feliz a su lado, no está trabajando para que la relación avance: está claro que su principal apuesta vital no eres tú.

Ten en cuenta que es mucho más fácil decirle a alguien «no estoy preparado para tener una relación contigo» que espetarle «no me gustas lo suficiente para apostar por ti». Seguramente ésta es la razón por la que no te ayudará a encontrar una respuesta definitiva, porque no le interesa que la tengas… pero si es blanco, está dentro de una botella y lo encuentras en la sección de lácteos… es altamente probable que sea leche. No niegues la evidencia condenándote a interpretar en un circuito sin fin. Deja que haga y sienta lo que sólo él o ella puede hacer y saber. Es su vida, su universo, sus razones y apuestas vitales. No puedes comprenderlo tú sola, pero sí puedes malgastar tu vida en el intento de desvelar un secreto inexpugnable. No pretendas saber más acerca de sus recónditas verdades que él mismo, convenciéndote, por ejemplo, de que lo que realmente ocurre es que te ama y no lo sabe: lo más probable es que no te quiera. Incluso puede suceder que la única que no vea la verdad seas tú. Pregúntalo abiertamente a todas las personas que te aprecien y estén al corriente de tu historia. Muchas veces, para no herirte y porque pides tácitamente complicidades a tus esperanzas, quizá parezca que opinan lo mismo que tú, pero si estás dispuesta a enfrentarte a la verdad es muy probable que descubras que la mayoría de ellas consideran que tu relación no va a ninguna parte.

¿Cuál es el verdadero problema? Que recibes doble información: palabras y acciones que prueban que no te quiere y, a la vez, detalles, acciones y palabras que parecen indicar lo contrario. Ponte en su lugar: está con alguien a quien no acaba de amar y esto significa vivir un sentimiento contradictorio y que tiene algo de estafa. Por un lado existe el argumento principal: no quiere —o no puede— apostar por ti, pero coyunturalmente, de manera residual y fuera del centro de esta verdad, también le gusta sentirse querido y a su manera también te quiere. Por tanto, te enviará dobles mensajes: te dirá que no quiere ningún compromiso y que vayáis tirando, que ya se verá a dónde os llevará la relación; pero por sus gestos, miradas y forma de tratarte podrás sentirte —en algunos momentos— muy querida. La cuestión es que toda historia principal tiene subtramas, como afluentes de un río. De ti depende que detectes cuál es la trama principal de tu historia. **Encararte a la realidad significa no hacer de un argumento menor la base interpretativa de tu relación.** Esta cuestión es básica, porque si no tendrás relaciones muy dolorosas, especialmente tóxicas y destructivas. Sí, ha habido momentos buenos y de un gran acercamiento, pero la base fundamental de vuestra relación es que él no se siente comprometido de veras. Dolorosamente cierto, pero es mucho más sano para tu corazón y tu mente que entre una pequeña verdad y la verdad fundamental no escojas la que aún te permita seguir amándolo. Es por fidelidad a él, para proteger su amor, por lo que sigues aferrada a esta visión exigua, pero como dice un dicho: «El amor y el dinero no se pueden ocultar». Si el amor debe ser justificado e interpretado, debe ser encontrado en su escondite… es que no es amor, porque el amor de verdad salta a la vista. Se nota, en cada posibilidad de acercamiento, en la ilusión del encuentro, en las ganas de ver y compartir con la otra persona. El amor agazapado es un amor cuyo argumento principal no es el amor, es sólo una subtrama del sentimiento.

Deberás escoger entre ser fiel a un amor no correspondido o adaptarte a la verdad y a las posibilidades reales de tu vida. Recuerda que la inteligencia se define como un proceso de adaptación a la realidad: es mucho más inteligente, por no decir sabio, ver la realidad y aceptarla que perder el tiempo luchando —inútilmente— por no querer resignarse a ella.

No es tan difícil alejarse de alguien que, de manera clara, frontal y decisiva, se nota a la legua que no te quiere. Pero en las relaciones de «una de cal y otra de arena» la confusión y la desestabilización están aseguradas. Son mucho más sanas las relaciones sin trampas, sin ambigüedades ni dobles discursos. Las relaciones turbias, en que todo es indiscernible, tienen mucho de egoístas y cobardes. Así que debes concluir que, a pesar de que haya habido momentos inolvidables, instantes en los que te hayas sentido muy querida y un largo e inacabable etcétera, todo ello no cambia la base fundamental de vuestra relación, y sabes muy bien de qué te hablo: el triste convencimiento de saber que no eres fundamental para la otra persona.

Otra cuestión esencial es que **todos amamos desde quienes somos**. Si te ama alguien inmaduro, inseguro, egoísta… su amor será también así, un amor inmaduro, inseguro y egoísta.

Tanto en un caso como en el otro, con su amor no tendrás suficiente. **Tanto si se trata de alguien con unas inmensas capacidades de amar (que precisamente a ti no te quiera) como si es alguien tremendamente limitado que te quiere al máximo, sigues teniendo un amor deficitario,** un amor insuficiente, un amor con el que es imposible que te sientas realizada.

- -

TOMA NOTA

- **Olvídate** de saber la naturaleza exacta de su amor o sus razones, tú sola jamás las descubrirás. Puedes invertir la vida en ello y no lograr una respuesta definitiva. Como máximo, un conjunto de explicaciones plausibles que, con la suficiente dedicación, podrás sustituir por otras nuevas, tan caducables como las anteriores.

- **Guíate** más por los hechos que por sus palabras.

- **Hay hechos indiscutibles,** por ejemplo, que no te prioriza o no te dedica suficientes recursos de tiempo y atenciones. A partir de aquí, olvídate de interpretarlo.

- **Es más probable** que no te quiera lo suficiente a que no se atreva a enamorarse de ti. Interpretarlo bajo el prisma de que en realidad está enamorado (y no sabe cómo demostrártelo) condiciona que interpretes los hechos —sean los que sean y te causen el dolor que te causen— como necesariamente perdonables.

- **Suelta las riendas,** olvídate de pretender decidir quién es o lo que quiere. Tú eres tú, él es él. Ocúpate de ti, tienes mucho que hacer y amar desde quien eres, éste es tu punto real de partida.

TE HAS ENAMORADO DE ALGUIEN CON DEFICIENCIAS AFECTIVAS

Lo que sientes, lo que vives, lo que experimentas, te parece tan claro, tan obvio, que puedes interpretarlo como la única forma de vivir posible. Corres el riesgo de convertir en norma universal aquello que es sólo una manera de ser minoritaria, la de unos pocos que interpretan el amor del mismo modo que tú. A ti no se te ocurriría recibir nada de nadie que no pudieses corresponder, no serías feliz recibiendo atenciones que por tu parte no pudieras devolver o sentir. Jamás aceptarías ser amada por alguien a quien no correspondieras, pero el mundo es amplio y diverso, y **tu forma de ser no sólo no es la única sino que incluso es posible que sea la excepcional.**

Para Cristina decir «te quiero» significa un acto de gran trascendencia. Necesita tiempo y cuando logra pronunciar estas palabras está afirmando que sus sentimientos son sólidos, que se puede contar con ella, que no dejará fácilmente de querer, que su amor está aquí tanto para disfrutar de lo bueno como para soportar lo malo. Dice «te quiero» a Miguel, quien, a su vez, cuando le responde con las mismas palabras lo hace sólo empujado por la pasión del momento. Cuando Cristina le dice a Miguel «te quiero» y éste contesta lo mismo, ambos están viviendo historias completamente diferentes, con significados individuales distantes. El problema es si Cristina cree que el único significado de las palabras «te quiero» es el que ella les da y cuando escucha a Miguel cree estar oyendo lo mismo que ella dice. Mismos fonemas, mismas palabras, pero con un significado completamente diferente. Así que para amar (y amar siempre es ver al otro) es necesario salir de la cúpula de significados del propio universo y saber qué quiere decir cada palabra y cada situación para la otra persona.

Schopenhauer asegura que sólo una de cada cinco personas vale la pena. Es decir, sólo una de cada cinco tiene principios nobles, cultiva su vida interior, ama sincera y profundamente.

También afirma que entregar todo tu amor a alguien es la vía más segura para llegar al propio sometimiento. Concretamente, decía que demostrar a alguien que lo necesitas conlleva un cambio de actitud por su parte: en vez de sentirse honrado y agradecido por ello lo más probable es que se vengue de tu necesidad. Una visión poco optimista del género humano, pero quizás más realista que esta fe ciega en el amor y en la intrínseca calidad humana de todos a los que amas.

Como decía Pavese, sólo serás amado el día en que puedas mostrar tu debilidad sin que el otro se sirva de ello para afirmar su fuerza, y es altamente probable que este tipo de amor sólo pueda ofrecértelo una de cada cinco personas.

Por tanto, cabe la posibilidad de que ames a un parásito afectivo, capaz de recibir amor sin poderlo dar. Capaz de recibir tus besos, tus caricias, tus abrazos, tus palabras, tu compromiso y dedicación sin sentir en absoluto lo mismo. Someter a alguien porque su amor lo debilita es la forma más mezquina de empobrecer al otro, y significa ignorar algo esencial: que sólo somos lo que somos capaces de amar. En consecuencia, cuando alguien que no ama somete al que ama, es como si la nada sometiera al ser, es como ser derrotado, al igual que en la aventura de Ulises, por nadie.

Si no es éste tu caso y sigues insatisfecha, entonces es que amas a una persona con deficiencias afectivas. Amas a alguien fundamentalmente bueno, bien intencionado, que está dispuesto a dártelo todo pero que no puede darte casi nada porque no sabe ni dónde empezar a buscarlo.

Las deficiencias pueden ser muchas y variadas: que esté lleno de miedos, de inseguridades; que tenga una visión pesimista del mundo y del amor; que sea incapaz de gestionar su vida y se someta o te someta a vivir sentimientos antagónicos. Que sea alguien profundamente ensimismado que no se dé cuenta de tus reivindicaciones amorosas o no sea capaz de darles respuesta. Alguien que se ame mucho más a sí mismo que a cualquier otro ser humano; que no esté dispuesto a cambiar la soledad e independencia para compartirse con alguien.

También podría ser alguien que tenga como máxima prioridad el trabajo y que las relaciones personales sean muy secundarias con relación a su carrera profesional.

También puedes amar a alguien poco emotivo y comunicativo. Es su forma de ser, no hay mala intención ni actitud mezquina como en el caso del parásito afectivo, pero igualmente sigues viviendo un amor que no te satisface: no podrá darte otro tipo de amor por la simple razón de que no tiene más capacidades que las que buenamente tiene.

Marta conoció a Fernando y le cautivó que fuera un chico retraído, tímido y poco expresivo. Creyó que tenía un gran mundo interior y que, con afecto, dedicación y recursos suficientes, con el tiempo Fernando sería progresivamente alguien más abierto y comunicativo. Ya han pasado varios años desde que se casaron y Marta ha llegado a la conclusión de que Fernando es así, alguien más bien pesimista y a la vez poco expresivo.

Las personas tienen un carácter, un temperamento y una forma de ser. Hay gente con tendencia a la tristeza, al retraimiento, a la indiferencia. Verlos tal como son, aceptarlos y no luchar contra su ADN es una buena forma de vivir y de relacionarse con ellos.

Concluirás que es más inteligente, en lugar de dedicarte a intentar cambiarlo e insistir inútilmente una y otra vez sintiéndote siempre insatisfecha, ampliar tu visión del mundo y las fuentes de tu felicidad pero sin llegar a conformarte si eres profundamente infeliz.

Por ejemplo, Carmina tiene un buen marido aunque algunas veces se pone de muy mal humor y cuando se enfada, grita. Un buen día Carmina decidió no tolerar más esta situación: cada vez que alzaba la voz se marchaba de inmediato, estuviese donde estuviese; no se lo toleraba. Gracias a esta actitud lo que parecía ser un defecto sin solución, un «soy como soy» inapelable, acabó por convertirse en un defecto del pasado. Su marido era consciente de que no se podía permitir el lujo de gritar porque de inmediato se quedaría solo. Por ello **es necesario saber qué podemos tolerar y qué no. Insistir y conseguir aquello que sea irrenunciable y ser más condescendiente con el resto de defectos, pues al fin y al cabo nadie es perfecto.**

Imagínate que tienes una pareja que no es sensible ni comunicativa, que tiende al malhumor y a una continua insatisfacción vital, y a pesar de ello la quieres, deseas vivir a su lado y no te planteas dejar la relación. Es un problema estructural de él; se es como se es, ni más ni menos. Pero es más interesante ser consciente de cómo es y de lo que está en condiciones de darte (así como de lo que jamás tendrás) que insistir en que cambie y vivir frustrada. Quédate con él a cambio de ampliar las posibilidades de tu vida. En vez de sacar cada semana tu lista de reproches, invierte mejor tu tiempo en actividades como leer un buen libro o aprender a tocar un instrumento musical (por poner sólo algunos ejemplos). La relación deficiente sin duda mejorará porque estarás más satisfecha con tu vida y él se sentirá menos presionado por ti. Y si tienes claro que esto no es lo que deseas, entonces atrévete a dejarlo. Sin embargo, de todas las opciones, la peor, sin duda alguna, es insistir hasta el punto de instalarte en la frustración y el reproche continuo.

TOMA NOTA

- **Si te concentras en lo que no tienes,** el vacío de lo que no te dan se convertirá en el principal protagonista de tu vida. Esta idea es central en este libro y aparecerá formulada de diferentes maneras. Es imprescindible que la incorpores en tu pensamiento estructural, en las verdades fundamentales de tu vida.

– – – EJERCICIO – – –

Invierte un tiempo pensando si amas a un parásito o a un deficiente afectivo. Decide qué quieres hacer (tanto si optas por continuar a su lado como si no, llegarás a la conclusión de que tienes que ampliar las posibilidades de tu vida).

SUPERAR ALGUNOS TÓPICOS

Uno de los tópicos más habituales en el amor, aquello que convierte el sentimiento amoroso en formas de amar pretendidamente superiores, es el mil veces repetido «amar sin necesitar»; son creencias resultonas que sólo reflejan sucedáneos del amor y que no soportan el más mínimo análisis. Si alguien te quiere, entonces te necesita, te extraña y formas parte importante de su vida. Todas las demás variantes son construcciones mentales sin sentido, como la famosa frase de Richard Bach en *Juan Salvador Gaviota*: «nuestro amor no necesita ni del espacio ni del tiempo». Ya me contarás cómo puede ser un amor así, si el espacio y el tiempo son, como decía Kant, las condiciones de posibilidad de la experiencia, es decir, no hay nada que puedas experimentar que no tenga espacio ni tiempo: incluso sueñas en un lugar (tu cama) y en un tiempo (aquella determinada noche). Por tanto, un amor sin espacio ni tiempo es, simple y llanamente, imposible.

Otro de los conceptos que nos hacen mucho daño (porque no nos permiten pedir del amor lo que es propio del amor) son los de «amar sin esperar nada a cambio», como aquel que ama a un desierto o a una lavadora.

El problema es el lenguaje que empleamos; no puedes utilizar para el amor el mismo lenguaje que para los depósitos a interés fijo, de los que necesitas saber la cantidad necesaria para hacer la imposición a cambio del interés que te ofrece. **No podemos usar para el amor el vocabulario del mundo de la banca.**

No, las palabras adecuadas no son «dar», «recibir», «devolver»… De esta manera el amor parece un juego de intereses.

Sustitúyelo por esta fórmula: **«De la persona a quien amas esperas, simplemente, que te trate como alguien a quien quiere».** Con ello lo dices todo: alguien que te quiere mirará por ti, te cuidará y te tendrá presente. **El gran problema aparece cuando la persona a quien amas no te trata como a alguien a quien quiere.**

TIENES LO QUE TIENES

Si te olvidaras completamente del futuro que te has creado, el futuro en que la persona amada te corresponde y te ama de la forma que quisieras; si dejaras de empeñarte en conseguir que fuese la persona que te gustaría que fuera y en el fondo crees que es; si abandonaras todas las hipótesis, todos los futuribles, todas las esencias de su ser que aún no se han manifestado —y que en algunos momentos pareces dispuesta a esperar eternamente a que florezcan—; si te centraras sólo en lo que realmente te da, en la situación actual, entonces, ¿qué es lo que tienes? ¿Te gusta lo que hay?

Una de las grandes trampas del mal amor **es confundir la persona que te has imaginado con la persona que es.** Regresaré a este tema en el apartado dedicado a la cualidad ética de la prudencia.

Sólo teniendo relación con la verdad podrás detectar la situación en la que te encuentras. Se trata, simplemente, de que estés en condiciones de decirte: esto es lo que tengo y me basta (o no).

Jamás temas a la verdad, la verdad no va a obligarte a tomar ninguna decisión.

Ser consciente de lo que vives, de lo que sientes, de cómo eres amada, es el mejor fundamento para vivir y actuar. La verdad es el único punto de partida que te mereces, lo que te permitirá establecer el camino a seguir. Sólo a partir de la realidad podrás llegar a conclusiones como: «no dejo la relación pero no voy a renunciar a impulsar mi vida» o «a partir de esta verdad, me es imposible vivir con él».

Es esencial que mejores tu vida: sólo a través de la alegría y la dignidad de amarte y tener una vida interesante podrás superar relaciones que no están a tu altura. Lo que pretendo es que tengas una vida suficientemente buena con el objetivo de que según qué cosas ya no te interesen ni se las permitas a nadie. No quiero que vuelvas a tener que escuchar nunca más de nadie que no sabe lo que siente por ti o que no tiene ni idea de cuánto tiempo durará lo vuestro, y en cambio tú estés siempre dispuesta y disponible, de modo que él pueda quererte o no en función de sus intereses del momento. **Hay vivencias, palabras y situaciones que están muy por debajo de lo que te mereces.**

- -

TOMA NOTA

- **Recuerda:** deja de idealizar a la persona amada. Tiene derecho a ser ella misma. Idealizar significa asignarle atributos de antemano. Lo has definido como «el verdadero amor de tu vida», «la persona de quien realmente estás enamorada». Llámalo por su verdadero nombre, seguro que tiene un nombre y un apellido concretos, utiliza su verdadera denominación de origen.

- -

- - - - - - - - - - - - - - - - - - -

EL AMOR DE TU VIDA

Efectivamente, mientras la relación sea con «el amor de tu vida», con «la única persona que de verdad has amado», te sitúas en un punto de partida que te pone las cosas muy difíciles. Te colocas en el amor incondicional, un amor muy romántico pero muy poco justo con todas las oportunidades de vivir.

Lo que creemos a pie juntillas, sin lugar para la duda o el asombro, puede marcar nuestros actos de manera inconsciente y misteriosa. Son esenciales y muy peligrosas las creencias que no cuestionamos, del tipo: «no puedo vivir sin él», «es la mujer de mi vida», «jamás volveré a amar así» o «sin él, el amor para mí ha terminado».

Revisa tus afirmaciones. Es posible que inconscientemente hayas creído sentencias que en el fondo son tan débiles y absurdas como que no puedes vivir sin él, que el tiempo si no es a su lado no es vida, que lo has perdido todo, que si perdieras este trabajo donde te explotan y te pagan una miseria serías incapaz de encontrar otro, que si tu pareja te dejara jamás reharías tu vida o que tienes que hacer lo que sea necesario para continuar con una relación, claramente insatisfactoria, porque tu vida no tendría ningún sentido sin ella.

Las circunstancias pueden cambiar, pero tu verdadero poder, tus capacidades y fuerza deben quedar siempre intactas en tu interior. Sólo de este modo podrás emprender de nuevo tu camino si la situación es adversa. Tu fuerza fundamental depende de la verdadera imagen que tengas de ti misma, de tus propias convicciones sobre tu persona.

Haz todo lo posible para detectar e inhabilitar tus respuestas automáticas. Por ejemplo, puedes tener grabado a fuego en tu interior que tú, simplemente, cada vez que él desea verte, lo ves. Cambia tu comportamiento, demuéstrate que puedes —sin mayores problemas— hacer aquello que absurdamente te parecía imposible lograr. Tampoco es tan difícil decir «no». Ofrécete a ti misma la oportunidad de redescubrirte en un comportamiento inesperado. Todo esto ya lo has vivido y revivido. Y si la vida sólo es la repetición de secuencias pasadas, ¿para qué añadir más de lo mismo? Cambia de esquema, redescúbrete de manera insólita. Permítete sorprenderte.

Deja de hacer algo que siempre hayas hecho, como asistirle de inme-
diato cuando necesite algo de ti, contestar al momento los mensajes,
decir siempre que sí quieres verlo. Cambia tu automatismo por una
posibilidad de libertad y de llevar a cabo algo inesperado.

ESCOGE TU MODELO DE MURASAKI

¿Conoces la historia del príncipe Genghi? Cuenta la leyenda que
Genghi era el príncipe más bello, culto y fascinante del antiguo
Japón. Deseaba probar todos los placeres del mundo y era capaz
de crear instantes sublimes para todas sus amantes. Cada una de
ellas era escogida por algún atributo especial: una, porque su risa
era alegre como una mañana de verano; otra, porque sus ojos
eran azules como el zafiro, otra más, porque sus manos eran largas y de dedos finos cuando tocaba el arpa; otra, porque su conversación era interesante y amena; otra, por su refinada caligrafía… Entre todas ellas, apareció una destinada a ser la que más le
amaría: Murasaki. Se enamoró perdidamente de él y con un amor
sagrado se entregó a la verdadera vida o al amor. La auténtica
existencia sólo se podía abrir paso a través de los ojos, la piel y las
manos de Genghi. Compartió con él unos meses de pasión plena-
mente consciente de estar viviendo los momentos más bellos, intensos y de más felicidad de su vida. No sólo de toda la vida que
había vivido hasta entonces, sino de toda la que aún le quedaba
por vivir.

En lo más profundo de su ser sabía que sólo una felicidad tan
grande podía albergar un dolor igual de intenso. Estoicamente y
sin dejar de amarlo, advirtió cómo se alejaba de ella, cómo se
entregaba a otros brazos. Con la certeza de amarlo, se condenó a

vagar a través del tiempo, convirtiendo en algo insulso y medio-cre la mayor parte de su vida, excepto los cada vez más lejanos días con Genghi. Y se consagró en cuerpo y alma a su memoria, a su recuerdo y a la esperanza de un futuro juntos. Durante muchos años vivió en un mundo vacío, pues nada podía llenar la ausencia de Genghi. Así que vivió esperando el día en que volviera a necesitarla y poder regresar de nuevo a su lado.

Con el paso de las décadas, Genghi envejeció y enfermó, y entonces Murasaki acudió a su encuentro. Lo cuidó y lo acompañó hasta su último aliento. Él no vio nada especial en aquella solícita y tierna asistente, hasta que un día ella le confesó que era Murasaki, la mujer a la que tantos años atrás había amado. Genghi murió sin conseguir recordarla, habían pasado demasiadas mujeres por su vida para que pudiera distinguirla.

¿Encuentras la vida de Murasaki deseable? ¿Consideras admirable su sacrificio? ¿Te gustaría protagonizar esta bella y triste historia del amor abnegado? Espero que no, puedes sufrir mucho por amor pero no por un amor no correspondido. Permíteme que te cuente la misma historia de un modo diferente...

Cuenta la leyenda que Genghi era el príncipe más bello, culto y fascinante del antiguo Japón. Tuvo muchas amantes, puesto que deseaba probar todos los placeres del mundo y era capaz de crear grandes instantes de amor para todas ellas. Cada una era escogida por su singular atributo: una porque su risa era tan alegre como una mañana de verano, otra porque sus ojos eran azules como el zafiro, otra porque sus manos eran largas y de dedos finos cuando tocaba el arpa, otra porque su conversación era interesante y amena, otra por su refinada caligrafía... Entre todas ellas, apareció una que estaba destinada a ser la que más amaría: Murasaki. Ambos se enamoraron con un amor sagrado y sintieron que entregaban en la verdadera vida o el amor la primera vez que se besaron, como si la auténtica existencia sólo se pudiera abrir paso a través de los ojos, la piel y las manos de ambos. Compartieron unos meses de pasión con la máxima conciencia de estar viviendo los momentos más bellos, intensos y de más absoluta felicidad de su vida. No sólo de toda la vida vivida hasta ahora, sino de toda la que les quedaba por vivir.

Pero ningún amor puede evitar la guerra y una orden directa del Emperador obligó al príncipe a dirigir un batallón a la conquista de lejanos pueblos de Asia. Durante todo este tiempo, casi veinte años, Murasaki recibió cartas de Genghi y, aunque cada una fuera diferente, todas ellas decían lo mismo: «Te quiero y sólo sueño el día en que pueda regresar a tu lado».

Murasaki convirtió su vida en una espera, pero no en una vida vacía de significado, porque a muchos kilómetros al norte se sabía profundamente amada.

En una cruenta batalla, Genghi resultó gravemente herido, perdió mucha sangre y una fuerte conmoción afectó sus capacidades. Enfermo, viejo y cansado, regresó a palacio como una triste imagen del hombre que una vez fue.

Murasaki sintió una ternura infinita al ver al hombre que tanto amaba y por quien tanto había sido amada, ahora encerrado en un cuerpo incapaz no sólo para un tipo de amor sino incluso para reconocer los objetos o los nombres de las personas más cercanas. Ella lo cuidó y lo acompañó hasta su último aliento; durante el último tiempo que pudieron compartir juntos le explicó su verdadera historia, que no era la historia vivida, la de un gran amor truncado, sino la de los esposos que fueron, de cómo transcurrió su vida juntos. Le descubrió hasta los más mínimos detalles cómo era aquel hogar y los días que durante tantos años compartieron. Recreó para él la vida que les correspondía y que injustamente les había arrebatado el destino. Porque Murasaki decidió que vencería al pasado creando sus verdaderos recuerdos a través del relato. Cada día lo bañaba y acariciaba su cuerpo con untuosos aceites, descubrieron otras formas de hacer el amor a través de las palabras y las caricias. Genghi murió feliz a pesar de no alcanzar unos recuerdos sobre los que jamás tuvo ninguna duda, pues estaban impresos en cada gesto de amor y en cada mirada de Murasaki.

Las dos son historias tristes pero la segunda es una historia de amor con sentido. Los resultados vitales de ambas historias pueden parecerse sólo en la superficie: la mayor parte de la vida separados y, al final, la imposibilidad de ser reconocida, pero en su significado profundo son completamente diferentes. Una es una historia de amor sometida a la tragedia; la primera, en cambio, es una falsa historia de amor. El amor es cosa de dos. En la primera versión, la del amor abnegado, el príncipe Genghi le podría decir a Murasaki: «Adelante; si esto es lo que quieres para tu vida, vivir por mí sin que a mí me importe, es tu opción vital, nada tiene que ver conmigo. Me utilizas como tu obsesión sin contar con mi voluntad ni mi amor; no vives una historia de amor conmigo; vives una historia de amor que nace y muere en ti, que no dialoga ni comparte mis sentimientos; eres más esclava de lo que tú sola sientes que de lo que yo pueda hacerte sentir por mí. Si me amaras en función de como te trato simplemente no me amarías: me amas sólo siguiendo las órdenes que tu propio amor te exige».

- - - *EJERCICIO* - - -

Repite conmigo: «No es amor verdadero. Si hubiera sido amor me hubiera escogido, hubiera apostado por mí. El amor verdadero siempre triunfa».

CUANDO TU PAPEL ES EL DEL ESPEJO DE LA REINA

La mayoría de parásitos afectivos no pueden amar verdaderamente, el amor está en un lugar y ellos en otro, son poco empáticos y emocionalmente fríos, y sólo logran ver lo que puede ser el amor a través de lo que siente el otro. Sólo les interesa conocerse y quererse a través de la mirada ajena. **Su identidad, su valor, su fuerza… los encuentran en los ojos enamorados del otro.** Algo que puedes llegar incluso a provocar porque, mientras lo alabas y predicas todas sus maravillas, te dedica una atención especial.

A un amor así podrías decirle lo siguiente:

Perdóname; sé que todo lo que te interesa de mí es poderte amar desde mis ojos, verte como yo te veo. Muy bien, mírame: lo eres todo para mí, te amaré siempre, incluso durante los largos períodos en que te olvides de mí. Acércate, reflejado en mis ojos es donde sales más favorecido: no hay nadie más amado y deseado sobre la faz de la tierra. Te lo mereces, te mereces esto y mil amores como el mío. De momento toma éste, que te acompañará para siempre. No tengas ninguna prisa, mírate. ¿Has visto alguna vez a alguien más imprescindible en la vida de otro ser humano? ¿Has visto a alguien más presente, más omnipresente? Sí, este ser fundamental y todopoderoso eres tú.

Y ahora déjame marchar, déjame vivir con el resto de mí; no tengo amor incondicional y absoluto para nadie más. El resto de mis amores tendrán que ganarse el pan y el cariño, tendrán que trabajar y podrán decepcionarme. Los miraré siempre de reojo y pensaré que en al-

gún momento pueden resultarme extraños o sorprender-
me. Todos serán intercambiables, todo será prescindible
excepto tú. Quédate con tu reflejo heroico, ese espejo de
ti que tanto te interesa, pero déjame vivir con el resto de
mis capacidades y de mi vida.

Esta declaración de amor contiene una enorme dosis de ironía. Sitúa como víctima del amor a **alguien como tú que no puede ser jamás la víctima de nadie. Eres demasiado vital, fuerte, alegre y decidida para dedicarte a ser un espejo favorecedor.**

¿Recuerdas la reina de Blancanieves, que cada mañana se levanta y pregunta «Espejito, espejito: ¿quién es la más bella»? Muchas personas siguen con el mismo cuento.

Todos queremos vernos reflejados en la mirada de quien nos quiere, es una de las formas mediante la que construimos nuestra identidad, pero, como en todo, tú sabes mejor que nadie si lo que haces es ofrecer una imagen favorecedora del otro y, en vez de contribuir a que se esfuerce por ser la persona que podría lograr ser y que tú ya ves, contribuyes a que se convierta en una persona cada vez más malcriada, consentida, egoísta y centrada en un yo autorreferencial que actúa con absoluta impunidad.

Una vez más, debo decir que no haces en absoluto nada malo en ver y valorar positivamente a quien amas: es lo que se espera del amor, que veas tanto quién es como su potencialidad de crecer y mejorar, que ames tanto a la persona que es como a la que puede llegar a convertirse. El riesgo al que te expones es que el otro utilice tu mirada positiva para lograr la impunidad, para debilitarte, para saber que por el hecho de ser mirado con buenos ojos encontrará con facilidad la justificación o el indulto.

¿PASAS HAMBRE?

Estar pendiente de alguien que no te quiere del todo es vivir siempre como si te faltara algo esencial, como si pasaras hambre y sed: ¿sientes que te has convertido en alguien necesitado, has caído en la indigencia, te has convertido en un mendigo afectivo? Observa hasta qué punto es lamentable que, con todas tus capacidades, posibilidades, increíbles oportunidades del presente… ¡te sientas tan necesitada! Sólo un mal amor puede hacer que te sientas tan pobre en el corazón de la abundancia.

TOMA NOTA

- Esta hambre es la misma que el hambre del sobrepeso, el alimento físico puede llenar estómagos pero no alcanza a llenar ningún vacío interior. Asimismo, **nadie externo a ti puede llenar este vacío que hay en tu interior.**

  El amor es el gran antídoto contra las vidas vacías. Es necesario ser consciente de que la propia vida es intransferible, pertenece a cada uno y depende de cada persona llenarla de contenido. Sólo una vida llena es capaz de decir «te necesito porque te quiero», una frase que no tiene nada que ver con «te quiero porque te necesito».

- Es tan importante saber a dónde te diriges como quiénes te acompañan en el camino.

EL AMOR INMUNE AL REALISMO

Mucha gente pone grandes esperanzas en los estudios, pero al cursarlos se da cuenta de que hay profesores buenos, malos y asignaturas muy interesantes y otras verdaderamente insoportables.

También la mayoría de las personas tiene grandes esperanzas en el mundo laboral y, a pesar de sus sueños, la realidad se impone: el sueldo no es el esperado, hay buenos y malos compañeros y, como en todo en esta vida, se encuentran pros y contras. ¿Quieres más pruebas? Observa tu vivienda: seguro que, aunque te parezca estupenda, tiene la cocina pequeña, o le faltaría una habitación, o está lejos del mar…

Pero, sorprendentemente, **la enorme dosis de realismo que se impone en todas las facetas de la vida no se soporta en el amor.** Al amor se le atribuyen unas capacidades sobrenaturales, como si estuviera fuera de las reglas de este mundo y no pudiera albergar ninguno de los sinsabores e inconvenientes de cualquier otro aspecto de la vida.

La vida no es fácil; surgen problemas, disgustos, enfermedades, y está llena de buenos y malos momentos. La mayor parte del tiempo tendrías que estar agradecida por todo lo malo que no te sucede, porque no debes olvidar que todo lo que tienes no es un derecho inviolable. No es, necesariamente, el estado natural que te corresponde. Sí, puedes tener salud, trabajo, una casa… pero todo esto y mucho más que das por hecho y por seguro, y que sientes que te mereces y te corresponde, puede, sin más, desaparecer.

Es necesario tener cierta tolerancia a la frustración. Un amor sólo es imposible cuando te empeñas una y otra vez en conseguir algo que no puedes lograr ni comprender. Sí, eres alguien luchador y con la suficiente autoestima para conseguir lo que deseas, pero en la vida hay ocasiones en que la única manera de vencer es abandonar el campo de batalla. Es como si lucharas contra fantasmas, porque el deseo, el interés, la fascinación, las ganas de estar con alguien, etcétera, no se pueden provocar. En cambio, tú sí puedes sentir pasión, fascinación, verdadero interés por ti, por actividades que no tengan nada que ver con el amor de pareja. Tienes todas las posibilidades que te ofrece cada día el mundo.

Todo lo que tienes se enfrenta a todo lo que no tienes, sientes que necesitas y exiges a la vida. Pues, definitivamente, no es así: **no necesitas en absoluto que te quiera alguien que no siente por ti lo necesario para quererte bien.**

− − − *EJERCICIO* − − −

A partir de hoy, deja de centrarte en lo que no te da (todo lo que depende de la voluntad de otro para que te sea dado). Todo lo que ya hay en ti es lo que verdaderamente necesitas, forma parte del bienestar y estabilidad que te envuelve y que muy a menudo ni adviertes ni valoras.

Haz una lista con todo lo que tienes (y que no debes dar por hecho que tendrás siempre), por ejemplo: muchos años por delante, unos buenos padres, tu grupo de amigos, así como tus intereses, talentos o aficiones.

LA FÁBULA DE UN CORAZÓN ENAMORADO DE UNA CABEZA

Desde tiempos inmemoriales los hombres conocían la eterna rivalidad entre el corazón y la cabeza. Leyendas y miles de historias hablan de su imposibilidad para entenderse. El corazón deseaba algo, la cabeza lo desaconsejaba. La cabeza decidía cuál era la mejor vida, el corazón bostezaba largamente... Hasta que un día, en una casa, porque siempre en una misma casa hay un corazón y una cabeza, empezaron a mirarse de un modo diferente...

Y la cabeza le dijo al corazón:

Te necesito; sin ti no quiero ir a ninguna parte; no tengo deseos, ni ilusiones ni objetivos. Sin corazón en lo que hago, mi vida sólo son obligaciones y trámites. Necesito que me guíes, que me impulses, que me acompañes delante de mis propios pasos para desear caminar. Sin ti, aunque consiga algo, jamás sé si era lo que de veras quería.

El corazón, que era un corazón generoso y sabio y no aprovechaba las declaraciones de amor para someter al otro, respondió:

Yo también te necesito, no sólo para materializar lo que quiero, pues sin ti soy sólo pura energía y preciso de tus cálculos y constancia, de tu cotidiano hacer levantando escaleras altísimas hacia aquella luz que deseo, sino también porque cuando me estrello me eres preciso para reconstruirme con tus ponderadas razones y tu prudente consejo.

Y se miraron a los ojos y se amaron. El corazón se pasó horas acariciando con las aortas como dedos los repliegues carnosos del seso. Y con su delicada aurícula golpeaba, a modo de besos, los lóbulos y la tierna corteza del cerebro. Por su parte, la cabeza, jugaba con sus transmisores neuronales haciendo chispas que provocaban cosquillas y sacudidas de placer a un corazón que aprendió pálpitos completamente nuevos. Síncopes arrítmicos con nuevos timbres, que convirtieron su constante goteo monódico en movimientos insospechados con un intervalo que iba de las trepidantes semifusas a las notas blancas más dilatadas.

En su primera mañana juntos, establecieron un pacto, como los amantes que temerosos de perderse diseñan fórmulas futuras de perdonarse, pactos de amor secretos como regalos que al ser devueltos exigirán un inmediato perdón.

Prometo seguirte —le dijo la cabeza al corazón—, incluso para demostrarte que son casi nulas las posibilidades de lo que algunas veces quieres alcanzar. Porque mientras haya una posibilidad, una esperanza, yo estaré allí contigo para intentarlo. Te seguiré sin rechistar, sin remilgos ni retrasos, pero, a cambio, sólo te pido que...

Y le interrumpió el corazón

A cambio sólo me pides que sepa retroceder ante los verdaderos imposibles. Pero no los imposibles que sólo suponemos como tales porque no hemos empezado el largo camino de alcanzarlos. Sino los tangibles e indudables imposibles, los inconfundibles y terribles imposibles, como cuando te encuentras justo al final del camino... y sólo hay un abrupto acantilado, y entonces, sólo entonces, me pides que regrese a la cotidianidad cobijada, y, como me amas, me quieres en las paredes seguras de mi hogar si y sólo si me he atrevido a alcanzar mi sueño, ahora roto. Me quieres tranquilo porque si no pudo ser fue sólo porque no pudo ser, a pesar de que lo intentamos, y lo intentamos juntos, para aumentar más aún la posibilidad de obtenerlo. Y lo intentamos al máximo, y lo procuramos a fondo... y sólo así podremos seguir amándonos para siempre, porque nuestro problema no era de

antagonismo irreconciliable, sino de establecer el punto
exacto donde debe retroceder un corazón.

EL PUNTO EXACTO DONDE DEBE RETROCEDER UN CORAZÓN

He escrito esta pequeña fábula para poder hablarte de cómo funciona el amor. Nuestro corazón habla y escoge a alguien. De pronto nos sentimos totalmente fascinados por otro ser humano, nos encontramos amando, y ésta es una de las experiencias vitales más profundas, intensas y sobrecogedoras que se pueden experimentar.

Cuando nuestro corazón nos dice algo a gritos, es esencial, completamente imprescindible, que aprendamos a escucharlo, porque escuchándolo aprendemos a detectar y seguir nuestras aspiraciones, anhelos e ilusiones. Básicamente porque si no lo hacemos perderemos una facultad esencial: nuestra brújula interior, la que señala las ilusiones y proyectos de nuestra vida.

Si nos ignoramos, llegará un momento en que perderemos la capacidad de saber lo que queremos. **Ésta es otra idea central de este libro: el peligro de la autodesconexión, un tema recurrente que tiene una importancia fundamental, porque sólo se puede llegar al mal amor llevando a cabo un largo e imparable proceso de desconexión personal.**

La autodesconexión tiene que ver con una implacable doma con la que sometemos el deseo. En nombre de la disciplina, la austeridad, la sencillez, lo accesorio, tendemos a limar deseos y aspiraciones. Y si sistemáticamente tendemos a ignorar y suprimir los deseos, al final acabamos por no desear.

De la misma manera, atendiendo sólo a nuestros deseos y viviendo para complacerlos llegamos a un cierto hastío vital, y a anestesiar el deseo. Cuando todo importa, acaba por no importar nada.

Además, complaciendo los deseos sin parar, nos convertimos en personas sin solidez, caprichosas, impredecibles, sin consistencia…

Es importante detectar y promover los grandes deseos, aquellos que configuran una vida con sentido, y anular todo aquello que, en caso de satisfacer, nos haría peores personas.

Ten también presente que hace falta quererse poco y mal para darse completamente a alguien que no acaba de quererte. Reflexiona sobre la necesidad de aumentar tu autoestima para que frente a un acto de desamor, en vez de dar aún más, te sientas ofendida y retrocedas. **A partir de ahora las actitudes distantes, frías o de poca consideración deben hacer que te apartes, no que intensifiques la lucha para retener a tu lado a alguien que no te está tratando como te mereces.**

Pero volvamos a la cuestión principal de este capítulo, la relación entre el corazón y la cabeza: así pues, tu corazón dictamina qué es lo que quieres. Entonces tu capacidad de razonar, de llevar a cabo los sueños intenta acercarte al máximo a aquello que deseas. Pero a pesar de todos tus recursos, de todas tus capacidades… puedes llegar sólo hasta donde puedes llegar, el camino termina donde termina y no hay más. Aquí se establece el punto exacto donde un corazón debe retroceder. ¿Cuál es este punto? Básicamente, cuando la persona en cuestión ha dejado de contar con tu confianza. No puedes basar tu vida sólo en lo que sientes. Lo que sientes lo sabes muy bien, lo identificas con claridad, no tienes ninguna duda de que lo quieres. Pero con esto no es suficiente. **No puedes convertir tu vida en algo absurdo y sin sentido basándote en la certeza de que amas a alguien.** Lo que debes decirte es: «Lo amo, ¿y qué? No voy a arruinar mi vida por esto». Aquí está tu libertad, tu dignidad y la posibilidad de seguir escribiendo tu historia.

Pero aunque no lo hayas conseguido, debes felicitarte: sigues a tu corazón y esto significa que:

1. Te escuchas y te respetas.

2. No renuncias a lo que quieres por cobardía, indecisión o falta de sentimiento.

3. Si una relación fracasa, no será porque no hayas puesto el máximo de tu parte. Esta sentencia te ofrece la verdadera tranquilidad vital, la conciencia ubicada y tranquila: conociste el amor, apostaste franca y sinceramente por la relación. Si no llegó a nada no fue porque no cumpliste con tu parte: ofreciste un amor valiente, noble y sincero. No tienes que hacer las paces ni con tu vida ni con tu destino. Estuviste a la altura de los retos de amor de tu vida.

Escuchar al corazón sólo requiere una gran norma básica: seguir el camino pero estar dispuesta a ver, realmente, lo que hay al final de él.

Se puede y se debe seguir al corazón pero sin llegar a la ceguera, sin llegar a ver sólo lo que el corazón desee sentir o vivir.

- -
LA EMOCIÓN ESTÁ SOBREVALORADA

Amar sabiamente es la síntesis perfecta entre la cabeza y el corazón. Por ello, el mejor camino para amar es hacer confluir el romanticismo con la ilustración. El romanticismo con su legado de subjetivismo, sentimiento, emoción, y la ilustración con su luminosa racionalidad. Este doble camino ha convivido en el ser humano desde siempre, como los aspectos apolíneos (racionales) y dionisíacos (emotivos) de las antiguas tragedias griegas. Sin embargo, la emoción es lo que más prima en nuestra sociedad actual.

La palabra *emoción* proviene de la palabra latina *exmovere*, que significa «poner en movimiento». De entrada, aquello que te pone en movimiento no es pernicioso, la pregunta tal vez sea: ¿hacia dónde te dirige este movimiento? Si te dirige a la emoción choque, al amor adrenalínico, entonces sólo te conduce hacia las vivencias exaltadas a las cuales te haces adicta, puesto que acostumbras tu sensibilidad a un tipo de estridencia y nivel de alto voltaje que convierte en insípida la cotidianidad. Pero la emoción también es el motor de este viaje y el principio de una gran historia de amor.

Aquí surge un aspecto de suma importancia: es muy posible que seas adicta a las emociones estridentes y estés inmunizada a las riquezas recónditas de la cotidianidad, que a menudo te aburras y encuentres anodina la realidad sin la montaña rusa llena de tragedias y de momentos sublimes del mal amor. Un mal amor que muchas veces, paradójicamente, se asocia al mejor amor del mundo porque se interpreta como el más intenso, el más loco, el que más te hace vibrar.

En este debate entre razones y emociones, aparece un término esencial: la escala de valores, una especie de lista imaginaria cuyos elementos ordenamos jerárquicamente en función de su importancia. Todos hemos escuchado expresiones como «en mi escala de valores, primero está la familia y a continuación el trabajo»; otros dicen cosas como «en mi escala de valores, la sinceridad ocupa un lugar esencial»; parece que haya tantas escalas de valores como individuos.

Como muchos términos que hacen fortuna, la escala de valores se ha adulterado: no es subjetiva, no es la escala de valores de cada uno, sino que originalmente era una escala con una cierta voluntad de universalidad. La inventó Max Scheler (filósofo nacido en 1874) y en esta escala ocupan el lugar más alto los valores espirituales, estéticos, vitales y afectivos, y en último lugar la sensibilidad. Por ejemplo, para disfrutar de una buena ópera es necesaria una actitud activa: aumentar tu concentración, asistir a muchas representaciones, educar tu gusto: sólo así, con tiempo y trabajo, lograrás disfrutar de una buena ópera, ya no digamos de tocar el piano. También un buen amor necesita práctica, trabajo y conciencia. Cuanto más elevada sea la posición de un valor, más precisará de actividad, compromiso vital y dedicación, puesto que se trata de patrimonios «profundos» que requieren tiempo, trabajo y una cierta pasión.

En cambio, las emociones sensitivas no necesitan ninguna preparación para percibirse: dependen de los sentidos; cualquiera puede sentirse impresionado por alguien, fascinarse, enamorarse, asustarse… no requieren ningún aprendizaje. Sólo se trata de utilizar las emociones y los sentidos, cualidades humanas innatas.

Esto, precisamente, es lo que más conviene al consumismo: crear sujetos que tengan una relación inmediata con la emoción a través de los artículos que compren. De hecho, muchos productos de consumo se relacionan con el sexo, la conquista, el deseo… porque desear, enamorarse y consumir comparten la misma base de captación directa.

Y si nos fijamos, se puede hablar del amor en términos de producto. Dejamos repentinamente de querer (¿cómo es eso posible?). Buscamos las emociones del principio, sentimientos astringentes de captación inmediata… muy a menudo otras personas nos suministran sensaciones y servicios, como si de un bien de consumo se tratara.

Queremos emociones claras, potentes, intensas, a pesar de que nacen condenadas porque no podrán mantenerse en el cenit de la novedad y se convertirán en efímeras.

La poesía es un género minoritario, pero, en realidad, ¿no es la poesía una de las cosas más emocionantes que existen? Sin embargo, es un género literario que para ser disfrutado necesita de un aprendizaje, de cierta educación del gusto. La poesía es un placer sublime, delicado y profundo que está en completo desacuerdo con la cultura de la inmediatez, de la emoción fácil.

La emoción inmediata no tiene nada de malo si puede combinarse con un cierto trabajo para llegar a las mejores emociones.

María Zambrano escribió: «existe también el error en la vida, que es el aburrimiento». Hay errores en el alma de las personas cuando se aburren. La vida está llena de riquezas, posibilidades, tesoros ocultos, y el amor es un gran tema pero no es todos los temas.

El amor, igual que el amor a uno mismo, no tiene una relación directa, como nos pretenden hacer creer, con los cambios drásticos, con la radicalidad —tan relacionadas con las emociones porque es aquello resplandeciente, innovador y extremista—, sino con la gestión diaria, por lo general invisible, que como una gota constante erosiona la roca. Es posible un amor humilde pero honesto, que nos convierta en amables (*amabilis*, que significa «dignos de ser amados»). Ser digno de ser amado comporta también tiempo y esfuerzo. Implica una cierta elevación del alma y, de la misma manera que debemos prepararnos para ser dignos de amor, también debemos amar a quien sea digno de ser amado.

En un mundo de culto al sentimentalismo emocional, los dignos de ser amados parece que sólo son los bellos insubstanciales que aparecen en las revistas de papel cuché, que se enamoran y desenamoran con una facilidad pasmosa. El amor tiene que ver también con el compromiso y con la acción, alberga cuidados que pueden ser vividos como molestias sólo si apartamos del amor todo lo que tenga que ver con el esfuerzo y creemos, falsamente, que el genuino amor sólo tiene relación con un sentimiento espontáneo. Un amor que sólo sepa sentir y captar las emociones es el ideal de una sociedad que se revela constantemente como caprichosa y exigente, más centrada en un hedonismo pasivo que en una actitud generosa.

Amar también es una forma de entusiasmo, de albergar proyectos personales y compartidos, de moverse —emocionarse— para mejorar. Es una responsabilidad personal.

San Agustín dijo que «el corazón dilata las pupilas, y tan pronto como sentí que quise comprender…». *Comprender* significa abrazar con el pensamiento. No comprendemos el mundo ni a la persona a la que amamos sin implicarnos, sin la capacidad de empatía y compasión (sufrir con alguien). **No podemos comprender a quien amamos sin un cierto orgullo de quién es y de los valores que defiende.** Y es posible y deseable tener un alto nivel de pensamiento, de racionalidad, sin renunciar por ello a los sentimientos (no son facultades contrapuestas sino que se potencian mutuamente). Un robot hiperracional que mira el mundo de manera científica y fría es tan poco interesante como un ser ahogado en sus propias emociones. De hecho, ambos pueden ser muy poco útiles: uno puede inventar un arma mortífera y el otro ser el protagonista de un crimen pasional.

Hay un término medio entre la sangre fría y el frenesí emocional. Aristóteles se refería al punto equidistante que hay, por ejemplo, entre la temeridad y la cobardía: la valentía.

La emoción pura también puede ser éticamente buena: ante un abuso es necesario sentir la emoción directa, como un puñetazo en el estómago, que nos haga actuar de inmediato frente a una injusticia. Lo que no sería ético sería una reflexión que sospesara los pros y contras, la propia seguridad, la conveniencia y no se dejara llevar por una sana e impetuosa reacción fruto de la emoción choque. De hecho, importa no sólo lo que hacemos sino cuándo y cómo lo hacemos.

En cierta ocasión le preguntaron a Aristóteles qué era la bondad, cómo actuaba un hombre bueno. Todo el mundo esperaba que respondiera que un hombre bueno hacía esto, eso, aquello y lo de más allá. En cambio, se limitó a decir: «La bondad es aquello que decidirá en cada momento el hombre bueno». Éste es un gran secreto del arte de vivir, **convertirte en una persona sabia que sepa escoger en cada momento la actitud más adecuada.** A veces la impulsividad y el deseo son las mejores respuestas, y en otras ocasiones la respuesta adecuada pasa por tomar precauciones y adoptar una actitud cauta. No renuncies a nada, pues ningún atributo, actitud o sentimiento es por sí mismo negativo o positivo; se trata de saber aplicar el cómo y el cuándo de cada uno de ellos.

A pesar de todo lo dicho hasta aquí, las emociones tienen un culto exagerado, no representan la realidad y ni siquiera la parte más interesante de ella, y nos convierten en adictos emocionales que necesitamos cada vez una emoción más fuerte, una sobreestimulación para ser sensibles a algo. Convoquemos una forma más modesta, menos provocada, de sentir, más basada en el esfuerzo, la quietud, la tranquilidad… una intensidad más profunda e interesante que subir a un trapecio y hacer un salto mortal cada vez que deseemos amar.

Es posible y deseable aprender a amar, pues hay cosas que jamás vivirás si sólo vives el amor pasión (término procedente de la palabra *pathos,* que significa sufrimiento).

TOMA NOTA

Un amor de plenitud parte de la emoción, del movimiento y de la fuerza, pero acaba necesitando la cualidad humana del otro.

- ¿Quién es tu yo más auténtico? Mientras te identifiques con alguien que sigue sus impulsos, emociones y sentimientos sin cultivarlos ni sincronizarlos con otras partes de ti, corres el peligro de ser alguien incompleto, como un barco con una vela inmensa y sin timón.

- ¿Cuál es el amor verdadero? Un amor que te permita crecer y no te haga sufrir innecesariamente. Es una norma de amor inviolable: si hace sufrir no es amor (es dominio, desamor, indiferencia... y un largo y muy poco interesante etcétera, pero no es amor).

ALGUNAS DE LAS CARACTERÍSTICAS DEL MAL AMOR

Es irregular

Una de las características del mal amor es que **es irregular**. Es decir, a veces te quiere, después te ignora… la relación adquiere un aire de indolencia en que todo es posible justamente con todo lo contrario. Pueden casarse contigo o abandonarte durante la misma semana. Lo más importante puede ser lo más renunciable, significa vivir con una sensación de inminente peligro y de constante desasosiego.

Es insatisfactorio

Otra de la características es que «nunca te deja satisfecha pero siempre regresas a por más». Cuando estás a su lado, su actitud, su indiferencia, su falta de atenciones, etcétera, no te satisfacen y nunca acabas de estar tranquila, pero aun así siempre regresas a por más, intentando que por fin te diga y haga algo que te sacie de una puñetera vez. Lo siento, le has atribuido capacidades y formas de amar que sólo son un reflejo de lo que tú sí eres capaz de dar, comprender y sentir. Es como si tus ojos crearan un oasis y cada vez que te acercaras mordieras la arena, pero a solas; como si la imagen del oasis perfecto te persiguiera… y regresaras a por más «agua». Insisto en que son sólo tus capacidades, eres tú y sólo tú la que eres capaz de crear paisajes tan sublimes como inexistentes en el alma del otro.

Sexo sublime

Otra de las características claves es que con esta relación tienes la certeza de estar viviendo el mejor sexo del mundo, la mejor intimidad posible. La cuestión, lamento decírtelo, vuelve a tener una relación directa con tus increíbles capacidades de amar. Es en el sexo donde intentas demostrarle que estáis hechos el uno para el otro, que eres la mujer de su vida… Con una actitud tan entregada, tan dispuesta a demostrarle hasta qué punto le puedes satisfacer, así como demostrándole que es un amante maravilloso que pulveriza todos los límites del placer y del amor que hayas sentido antes… con todo ello está claro que contigo es ¡imposible no lograr el mejor sexo del mundo!

No comprendes cómo has llegado a tolerar situaciones tan absurdas y humillantes

A menudo notas que no te trata con la consideración necesaria, y tú lo toleras; quizás te preguntes cómo has llegado a esto, cómo es posible que permitas que te trate así. No te culpes. Hay varias razones…

Simplemente, **negaste las señales.** Empezó con una pequeña indiferencia (un día no le apetecía verte) y acabó con el derecho a no llamarte o no decirte nada durante una semana.

Parece inofensivo, ¿verdad? Además, a todo el mundo le puede suceder que un día no le apetezca ver a alguien. Pero fíjate: ha dicho que no le **apetece** verte. Algo realmente desconsiderado y muy diferente a «me encantaría pero no puedo». Te están diciendo que no eres alguien siempre apreciable y, lógicamente, esta actitud despectiva afecta a tu autoestima. También es cierto que, si siempre te dice que le encantaría verte pero no lo hace durante semanas, su amabilidad no va acompañada de verdaderas acciones. Estás en el mismo punto, no eres una prioridad.

Muy bien: puede estar perfectamente sin ti. ¿Acaso tú no puedes hacer lo mismo? Tienes tantas o más capacidades y todo el derecho. Sería terrible imaginarlo triste, abatido, enamorado… pero si sabes que en el fondo no te necesita ¿por qué no te tranquilizas y das un golpe de timón hacia tu propia vida?

La sinceridad es un punto muy delicado. Hay una escena de una novela de Milan Kundera en la que durante una fiesta un personaje le dice a otro que lleva un vestido horrible; el narrador explica que lo que menos importa es la verdadera belleza del vestido, lo que cuenta es que uno de los dos puede permitirse el lujo y demostrarlo públicamente puesto que está en una situación jerárquica superior.

Estamos en un terreno fronterizo entre la sinceridad (tan necesaria entre los amantes) y la educación y buen gusto (tan importante para el respeto y las relaciones cordiales). Se puede ser sincero sin ser descarnadamente brutal y transparente. De hecho el abecé del amor lo impone, cuidar al otro pasa por ello.

Como dice el filósofo Alain, «se trata de ser agradable siempre que sea posible serlo sin falsedad ni bajeza. Es decir, casi siempre». Y añade un principio moral: «Sé insolente sólo de un modo deliberado y únicamente ante alguien más poderoso que tú. Pero sin forzar el tono e, incluso, entre esas verdades, escoger la que es elogiable».

Así es, entre esas verdades, entre una variedad posible, escoger aquello más beneficioso para el otro. Siempre, y en particular cuando se ama.

Estas cuestiones son tan importantes que voy a intentar explicarlo mejor con un ejemplo exagerado pero que comparte la misma base de desprecio (de situación jerárquica superior) de uno de los miembros de la «supuesta» pareja. Ésta es otra de las características del mal amor: **no tienes ni idea de en qué situación estás.** No sabes ni lo qué sois (pareja, amantes, amigos, novios, amigos con momentos íntimos…), a veces incluso es posible que no sepas si habéis cortado o no.

LA MORALEJA DEL CAFÉ LOCO

Imagínate que vas a tomar algo con la persona que amas. De repente se levanta, te echa el café por encima y se larga dejándote absolutamente perpleja. Tú no recuerdas haber hecho ni dicho nada para provocar una actitud tan desproporcionada por su parte.

En primer lugar aparecerá **la culpa.** Una reacción tan cargada de desprecio es imposible que no tenga una causa. Pero no es así, no has hecho absolutamente nada para que se comporte de tal modo. Es más, en el caso de que hubiera un malentendido, confusión o duda, te merecerías la posibilidad de explicarte y no una actitud tan agresiva y desmesurada.

Así pues, ante esta situación sólo puedes escoger entre:

1. **Justificarlo:** que tiene un «mal pronto», que tuvo un problema esa misma mañana en el trabajo, que está viviendo serios problemas familiares... La parte buena de esta opción es que sigues con la relación, la mala es que abres la veda para que te trate como quiera sin posteriores consecuencias. En tu vida real eso se traduce en: «Tendré que creerme que realmente no puede verme, no puede llamarme y, aunque parezca que pase de mí o intercale periodos de gran intensidad con otros de gran frialdad, pensaré que todo se debe a causas externas. También aceptaré como buenas sus excusas e incluso yo misma me crearé explicaciones que me eviten pensar lo que parece más evidente: que no cuento demasiado».

2. **Ponerte al mismo nivel.** Quieres darle una buena lección, así que empiezas por tramar fechorías como que el próximo domingo pondrás sal en su café, le echarás el tuyo por encima y le insultarás. Como no eres así, has entrado en lo que llamo «**el campo de batalla de los depravados afectivos**». Quienes usan el amor para juegos de dominio, indiferencias, dolores y venganzas. La parte buena es que sigues en la partida, pero con el *hándicap* de que no es tu juego. No se te ocurrió ofender primero, ni dominar, sino amar, así que, si intentas ganar en un campo en que la otra parte es un experto, no tienes ninguna posibilidad; siempre será mucho más depravado que tú y si entras en el juego perderás. En tu vida real eso significa que decides ignorarlo, no contestar sus llamadas, fingir indiferencia, y, como todo ello supone actuar de una manera diferente por completo a lo que realmente sientes, tarde o temprano acabarás buscando el modo de volver a ser tú misma y amarlo.

3. **Te entristeces, estás distante, cansada, mal.** Tienes la ventaja de seguir con la relación, pero si tu bienestar no es

su principal motivación, sino el ganarse el derecho de someterte, lo único que conseguirás es que te haga sentir culpable por estar siempre insatisfecha, mal, y al final concluirá que con una actitud como la tuya es imposible no levantarse y echarte el café por encima.

4. **Intentas hablar.** Es difícil que te salgas con la tuya. Lo más probable es que se ponga a la defensiva, que te diga que si no estás bien tal y como estáis lo mejor es que dejéis la relación. También es posible que se defienda quitando importancia a lo que has vivido porque eres una exagerada, y que jamás te echó el café por encima sino que en realidad se le cayó en el mismo momento en que tuvo una emergencia que lo obligó a salir corriendo. También es posible que te diga que no podéis pasaros el día hablando de vuestra relación, que, en lugar de discutir, os viváis. Tú sabes que nunca puedes aclarar nada, que a cada tentativa te pide que dejes de analizarlo todo, que en estos momentos no desea que lo juzgues y que precisamente ahora no está para soportar reproches. ¿Cómo vamos a presuponer la cordialidad, la capacidad de diálogo, las ganas de entenderte y de llegar a un acuerdo con alguien que te obliga a que te resitúes por culpa de su comportamiento egoísta? También es muy posible que procure convencerte de que te quiere, que busque toscas explicaciones que justifiquen lo injustificable o que no profundice en nada y dé carpetazo al tema con un «lo siento, no soy perfecto».

5. **Te levantas, te largas y jamás vuelves a verlo.** Es sin ninguna duda la mejor opción, la única salida posible; pero, como estás enamorada, no lo haces.

Lo que me gustaría que comprendieras es que tienes una relación con alguien que ha hecho un movimiento que no es asimilable por las reglas del amor y que tú tienes **que hacer malabaris-mos para contrarrestar su enorme deficiencia.**

Si no te levantas, el único aspecto positivo es que necesitas muchas vivencias como ésta para estar segura, que necesitas que te echen muchos cafés por encima para llegar a convencerte de que algún día tendrás que levantarte y marcharte para siempre. Pero lo más fácil es que empieces a tener **la adicción del ludópata afectivo.**

- -

TOMA NOTA

- No es de sentido común pretender que la misma persona que te ha causado la herida sea quien te la cure.

- -

- - - - - - - - - - - - - - - - - - -

EL AMOR LUDÓPATA

¡Has entrado en la «gran» aventura del amor, en un emocionante y trepidante juego en el que nunca sabes lo que va a pasar, y esto aumenta mucho la adicción! **¡Bienvenida a la montaña rusa del sufrimiento sin fin!**

Si su amor combina una de cal con otra de arena, esto incrementará terriblemente la ansiedad, el estar pendiente, el deseo y, a pesar de que no obtengas nunca beneficios estables, estarás enganchada a una relación que te hará vivir un torbellino emocional constante.

Una adicción ludópata utiliza el estímulo intermitente de Pavlov. Pavlov hizo experimentos para estudiar el deseo a través de unos perros y lo hizo midiendo la salivación (cuanta más saliva, más deseo). Los perros oían una campana y al momento les daban la comida. Cada vez que oían la campana, su deseo de comer aumentaba. **Pero la regularidad estancó el deseo,** cada vez salivaban menos. Hasta que Pavlov inventó el estímulo intermitente: sonaba la campana y algunas veces comían y otras no… es decir, les cantaba a los perros el «Quizás, quizás, quizás» de Nat King Cole y su deseo aumentó hasta límites insospechados. No es muy adecuado que te hagan babear como a un perro, pero como dijo en clase nuestro profesor de psicología: «Si queréis enamorar, utilizad el estímulo intermitente de Pavlov: es infalible». Sin embargo, de lo que se trata no es de jugar al amor, sino de amar, ¿no?

También es posible que estés con alguien que sea un experto en el juego. Hay quien hace del amor una forma de placer físico; otros juegan a conquistar, manejan las artes del deseo y utilizan sistemáticamente el estímulo intermitente de Pavlov. La forma en la que amamos es también un espejo donde podemos ver nuestro verdadero rostro. Hay muchas formas de amar, pero se pueden dividir todas ellas en dos: el buen y el mal amor. El buen amor procura el bien del otro, en el mal amor el otro tiene un papel secundario: la otra parte sólo es un puente para llegar a uno mismo. Se utiliza el nombre del amor para sentir poder, para dominar, para aumentar la propia autoestima, para sentirse mejor, para no estar solo, para complacerse observando los desvelos y atenciones que se despierta en los demás…

La adicción ludópata se basa en el hecho de que, a pesar de que siempre se pierde más de lo que se gana, se mantiene la esperanza de ganar (cosa absolutamente ilógica). Y son precisamente los pequeños triunfos puntuales los que hacen jugar con muchas más ganas y perder mucho más que antes. Me refiero a una tarde de sexo, un «te quiero», unos instantes en los que vuelves a sentirte querida.

- **No seas puro deseo;** como decía Nietzsche, no tengas el automatismo de un piano, que suena a la mínima presión. Decide a qué respondes. La aristocracia del alma siempre tiene que ver con el dominio de uno mismo y con poner el máximo de pasión en lo que se escoja (no en lo que falsamente crees que no puedes evitar pero que, con la suficiente determinación y convencimiento, sí es posible dejar de lado).

- -

- -

ENCARCELADA EN UN AXIOMA

Sólo serás libre si eres capaz de perder. Mientras tengas una verdad fundamental que sea un axioma (una verdad que no te atreves ni a cuestionar) eres prisionera de una situación.

María era explotada laboralmente pero se había convencido —vivía encarcelada en el axioma— de que ése era el trabajo de su vida: ser abogada en un prestigioso bufete; los horarios, las condiciones laborales, todo era absolutamente injusto. Aun así, ella deseaba pertenecer a ese bufete; trabajar en una organización que no fuera precisamente aquélla era a sus ojos lo peor que le podía ocurrir laboralmente. Un día, ya enferma, estresada, tocando fondo, después de cinco años, decidió pedir unas mejoras laborales con la predisposición a perder el empleo, llegado el caso. Fue entonces cuando las logró. Mientras las pedía tímidamente, mientras sus superiores eran conscientes de que no pensaba abandonar el empleo, no las consiguió; sólo cuando estuvo dispuesta, de verdad, a perder ese terrible puesto de trabajo, su vida cambió.

También ocurre lo mismo en las relaciones: mientras haya una certeza tabú —que pase lo que pase pero que no me deje— no eres libre y, si no eres libre, significa que vivirás sometida. Tu fuerza, tu verdadera libertad, está en poder perder, de verdad. Porque en el fondo no pierdes, pues lo que tienes y defiendes con uñas y dientes no vale apenas nada. Cuando comprendes que estás aferrada a algo de escaso valor y que lo que hay no importa tanto, que así no lo quieres —que a lo que estás enganchada es a lo que podría ser pero no es—, entonces te liberas, te dejas ir y vives bien, mucho mejor que soportando situaciones injustas y de sometimiento.

Los antiguos estoicos se reservaban una última libertad a la que siempre podían acudir: salir de la vida. Evidentemente, no estamos hablando de esta autonomía, de esta radical libertad: si la situación es insostenible, me voy de la existencia.

No, pero sí debemos adoptar de los estoicos esta capacidad de renunciar a algo que en realidad no vale la pena. Poder salir, poder acabar, poder dejarlo, poder renunciar. Sin este poder, no tienes ningún poder, estás destinada al sometimiento. Sólo si verdaderamente estás dispuesta a perder, podrás empezar a ganar.

- -

¿PERO A TI QUIÉN TE HA QUERIDO TAN MAL?

Revisa si te han educado imbéciles afectivos: personas cálidas pero coléricas, frías y próximas, de una emocionalidad inconstante como la luna, personas imprevisibles. Es posible que esta educación fundacional (la que adquieres en los primeros años de tu vida y que marca enormemente) te haya hecho creer que **el amor tiene que ver con la distancia, la discontinuidad, el dolor, la imprevisibilidad.**

Quizá cuando ames a alguien lo coloques en primer lugar, lo proclames rey y le otorgues poderes ilimitados, y éste, en lugar de colocar un trono a su lado, se convierta en un tirano afectivo.

También es posible que seas alguien muy sobreprotector, que desde muy joven hayas tenido responsabilidades que no te correspondían por edad y cuando te enamores cuides y protejas al otro, te pongas a su servicio, y finalmente lo que empezó como una forma de ayuda acabe por convertirse en una situación crónica en la que des (y te des) continuamente y el otro haya encontrado una buena plataforma para vivir sin tener que crecer ni madurar. También de esta manera te sometes.

Hay quienes sienten pavor a que el amor los devore, se pierdan en él y difumine los contornos de su individualidad. Y se defienden como gatos panza arriba para que nadie pueda «someterlos» (en tu diccionario «amarlos»). Para otros el amor es como la tierra ubérrima en la que hunden las raíces y los pone en contacto con una dimensión de profundidad y sentido, con lo esencial y lo sagrado de ellos mismos. No todos entienden el amor como estos últimos, tal vez uno entre cinco.

También están los que sufren de inmadurez afectiva, que nunca llegan a comprender que la libertad son las vinculaciones libres que establecemos durante nuestra vida, no los sentimientos irrenunciables.

Pero hay algo que sí tengo claro: **debes enfrentarte a todo el dolor que llevas dentro.** El problema no son las personas a las que amas, el problema eres tú. El amor romántico puede ser una buena tentativa para tapar todo el dolor que sientes: Dolor de tu infancia, ausencias, abandonos o vivencias traumáticas.

Sin embargo, tu pareja no es el salvador que te consolará y te aliviará de todas las heridas pasadas, ni tiene la misión ni la obligación de ofrecerte un amor tan grande que te compense todo el dolor anterior.

ES NECESARIO QUE TE ENFRENTES A ESTE DOLOR

Veamos. Todos hemos sufrido; vivir significa también, inevitablemente, vivir el dolor. A través del dolor también crecemos y nos conocemos. Siddhartha vivió en un palacio lleno de placeres y de paz y no conoció la desgracia, pero no se sentía alguien completo, así que investigó y vio que había un mundo mucho más terrible y oscuro, se escapó del palacio y vivió la enfermedad, la muerte, la desgracia… Sabía que sin esta parte no sólo no hubiera llegado a ser Buda, sino que tampoco hubiera llegado a convertirse en alguien verdaderamente humano. Por tanto, si no cargaras con estos dolores, cargarías con otros. Una vida sin dolor no es posible.

Enfréntate a este dolor. No intentes esconderte de él por vías equivocadas. Caminos erróneos para no enfrentarse a las propias heridas hay muchos: bebida, drogas, comida, salir sin parar, amores…

El dolor puede ser el inicio de un camino equivocado; de él pueden surgir la rabia hacia una misma, la inseguridad, el enfado permanente y el abatimiento.

A veces nuestro dolor, aquello que no podemos soportar, es no ser más perfectos, y tenemos un idealismo invalidante que hace que escapemos de la realidad de formas enfermizas.

Así que no debes huir. ¿Cuál sería una buena forma de enfrentarte a este dolor?

Un primer paso es relativizarlo. Asumir que todas las vidas tienen problemas, fracasos y dolores y que tú no eres una excepción. Es más, eres como eres gracias a todo lo bueno y malo que has vivido.

El segundo paso es comprender lo ocurrido. Las personas que te han herido, incluso si fueron tus padres, eran víctimas de unas circunstancias y de un escaso saber sobre la vida. Quien te hirió era alguien que no había trabajado la ética, no se conocía bien a sí mismo ni tenía una vida rica y profunda (como la que tú sí podrás crearte). Alguien evolucionado espiritualmente no hace daño a quien más fácil es herir: a un niño, a un adolescente (piensa en quién eras cuando recibiste las peores heridas). Y si son las peores no es porque sean las más terribles, sino porque tú estabas menos protegida para poder defenderte de ellas.

La comprensión permite que te exculpes a ti misma. No te hicieron sufrir porque fueras especialmente mala, desastrosa o no valieras nada y te merecieras castigos. Ellos eran pobres personitas con escaso valor: personas sin argumentos, sin autocrítica, sometidas a sus rabias, desorientaciones e incapacidad de responsabilidad afectiva. Tú eras alguien que no podía defenderse ni interpretar correctamente lo que ocurría, es lógico que te sintieras culpable del dolor que te infligían, pero esto no significa que te lo merecieras. El mal que te hicieron habla sólo de cómo eran los agresores; de ti sólo indica que no podías defenderte.

Comprender realmente lo que ocurrió es otra forma de perdón. Al dotar de un relato, de un sentido e interpretación lo sucedido, el «dolor ciego» que sentimos pasa a ser discernible y los fantasmas desaparecen. Es como si fuéramos niños pequeños temblando en la cama, en una habitación a oscuras y de pronto encendiéramos la luz, corriéramos las cortinas y el sol llenara la habitación de alegría y los monstruos desaparecieran muy lejos.

Hasta aquí relativizas, comprendes y perdonas. Y perdonas no sólo porque te amas a ti misma, sino porque ya no te importan los demás. Comprendes que son personas demasiado débiles, desorientadas y de escasa calidad personal para que tengan un poder vigente en tu vida. Los perdonas porque ya no te importan.

El tercer paso es de una gran trascendencia: comprender que el dolor del pasado no tiene vigencia en el presente. Lo peor que podría sucederte con el dolor sufrido en el pasado es que te invalidase en el presente. Que te dejara sin proyecto personal, sin ilusiones, sin ganas de crecer en ninguna dirección. Pero eso no es así.

Aun así, nos quedan los miedos, como un *shock* de lo vivido; nos acompaña la viva impresión (sobre la que parece no pasar el tiempo) como los dolores intensos del abandono. Muchas personas adoptadas o en centros de acogida en la edad adulta siguen preguntándose y torturándose acerca de los motivos de sus padres para abandonarlos.

Sin embargo, tú ya no eres la misma; sólo cuando eras alguien sin fuerzas, inexperta, sin recursos; sólo cuando eras joven, o pequeña o estabas pasando un mal momento, tuviste unas circunstancias muy determinadas para llegar a sufrir tanto. Ahora sería imposible. Eres alguien fuerte, inteligente, mayor, con un gran poder, incapaz de revivir el dolor del pasado a no ser que tú misma te hayas convertido en tu peor enemiga y revivas el dolor exponiéndote absurdamente a él. El dolor pasado era inevitable, pero el dolor presente sólo es opcional.

Si revives dolores pasados, por ejemplo, actualizando la vivencia del abandono, entonces es que existe un problema de identidad y de hábito. Te identificas, hay algo muy profundo de ti en este dolor y el mismo miedo a volver a experimentarlo te conduce a revivirlo.

Bien, comprenderlo es el mejor paso para superarlo. Si desarrollas enérgicamente los pasos para enfrentarte al dolor, relativizándolo, comprendiendo (perdonando y exculpándote) y entiendes que este dolor sólo tiene poder en el pasado porque hoy no te dejarías herir así, dejarás de dotar el dolor de una fuerza sobrehumana que te impulsa a vivirlo una y otra vez porque es demasiado grande para que te libres de él.

Fíjate en cualquier film americano: son un ejemplo paradigmático de las paranoias más habituales. ¿Cómo es el constante retrato mental de un psicópata? Un mago, un genio del mal, un auténtico depravado con una inteligencia asombrosa. Fue Hannah Arendt —por cierto, judía— quien en su libro *El proceso de Eichmann* entrevistó largamente a un ejecutor nazi y puso al descubierto la **banalidad del mal.** El gran nazi no era un frío y cruel demonio humano con superpoderes; era un pobre hombre, un verdadero imbécil que había ejecutado atrocidades limitándose a cumplir órdenes sin cuestionarse lo que estaba haciendo.

Ese gran dolor está provocado por personitas, ya no tiene ninguna posibilidad de éxito en el presente. Piensa en quien te haya hecho más daño, imagínate que repite hoy el mismo dolor que te causó: ¿cómo lo vivirías? Hoy, siendo quien eres, seguro que con distancia y sin que te afectara. Por ejemplo, ¿te decía tu padre continuamente que eras una inútil? Hoy, en vez de paralizarte y sufrir día a día, hablarías con él, y si no atendiera a tus razones pensarías que su forma de insultarte no dice nada de ti pero, en cambio, lo dice todo de él: habla de su crueldad, de su insatisfacción vital, de su resentimiento, de lo lejos que está de la sabiduría y la alegría de vivir… Sabes perfectamente que no eres ninguna inútil y que, aunque sea tu padre el que lo diga, se trata sólo de un pobre hombre que se siente mejor si humilla a los demás. Tú, hoy, te lo aseguro: no sufrirías del mismo modo. Tienes tu casa, tus amigos, tu familia, y si se dedicara a tratarte así lo verías poco y emocionalmente protegida.

Hoy eres una persona experta, sabia y puedes perfectamente no sentirte ahogada por dolor: lo ves, lo razonas, buscas estrategias y sabes colocarlo en lugares en que no puede herirte.

Tu presente es un espacio estable, seguro y tranquilo. El lugar donde trabajar tu felicidad y tu vida. Ya no es el campo de batalla de fantasmas del pasado. Por tanto, ya no necesitas huir del dolor: no está en ningún lugar presente. No necesitas escaparte de ti misma, de tu vida actual, a través de una relación amorosa que pueda volver a herirte. Puedes mirar fijamente el dolor y observar exactamente qué era, qué sucedió y cómo eran las personas que lo hicieron posible. Hoy esas personas no están y, si volvieran tan poco evolucionadas como entonces, hay alguien muy distinto que imposibilita que se repita la misma historia, tú misma. Vales mil veces más que quien te hirió. Imagínate un dragón enorme, capaz de volar, de escupir fuego, de sumergirse en el mar, con unas garras poderosísimas que al salir del huevo fuera torturado por unos escarabajos. ¿Crees acaso que el dragón podría vivir hoy con temor a los escarabajos? Se los imagina enormes, con infinitos poderes destructivos. Sólo tiene que coger un escarabajo, observarlo y ver su patético y limitado poder.

- -
¿MICROBOMBAS? ¡NO, GRACIAS!

Como ya he comentado, es muy probable que recibas a todas horas lo que llamo «microbombas», es decir, señales sutiles, casi imperceptibles, pero que todas ellas transmiten un único mensaje: no te ama, no te necesita, no te prioriza, no ocupas un lugar destacado en su vida. Finalmente desequilibrada, estallas, pides explicaciones, creas un conflicto y apareces como una desequilibrada. ¡Pero tú sabes que no estás loca y que te hacen sufrir! Hay dos formas de herir: una es con un puñal y de frente, la otra es con una aguja y un pinchazo cada hora. La aguja y el pinchazo constante no matan, pero desestabilizan a base de bien.

Ten bien claro que no son manías tuyas, ni eres hipersensible ni megasusceptible: son formas terribles de desestabilización porque son disimuladas y alambicadas, es mucho más honesto y valiente un ataque directo que las microbombas. Detéctalas, desactívalas y aléjate de alguien así.

Encontrarás más ejemplos de microbombas y otras formas sutiles (pero letales) de ser sometida en el apartado dedicado al amor romántico (pág. 90).

- -
LA MALA EDUCACIÓN SENTIMENTAL

A pesar de que el amor de verdad exista, también somos fruto de una muy mala educación sentimental.

El amor romántico, tan presente en las películas y canciones que escuchamos desde niñas, nos habla de entregarnos totalmente, de los mayores sacrificios, de la anulación del yo sin la otra persona.

Sin duda es una forma de sumisión alambicada y perversa que llegamos a asumir como el mejor destino posible: un gran amor que acabe siendo sinónimo de renuncia personal, entrega total y de máximos sacrificios.

A pesar de todos los cuentos que hayamos leído, no somos incompletas sin el ser amado. Ni la plenitud vital es sólo posible al lado de alguien.

Es como si fuéramos antiguas chinas que nos vendáramos los pies hasta deformarlos porque nos viéramos a través de los ojos del emperador Li Yu, que consideraba los pies diminutos una expresión de «delicada» belleza. Si miras con tus ojos libres de prejuicios los llamados «pies de loto» verás tortura, dolor, deformidad, pero nada más lejos de la belleza (que siempre está relacionada con la salud).

Sentimos que sólo podemos descubrir hasta qué punto amamos a través del propio sacrificio, olvidando que jamás un verdadero amor nos exigiría tanto. Si eres pobre, si pasas hambre, si te sacrificas... eso no es amor, es carencia. El verdadero amor te hace sentir como una reina; ya lo comprobarás cuando te ames.

El ideal romántico nos convierte en mujeres siempre atractivas, dispuestas a colmar los deseos de alguien y capaces de los más grandes sacrificios y renuncias. Un romanticismo que nos convierte en las cuidadoras de la relación y en las responsables si éstas fracasan. Kate Millet calificó el amor como el opio de las mujeres, del mismo modo que la religión es el opio de las masas.

DOS HISTORIAS DE AMOR VAMPÍRICAS

Cada momento histórico retoma sus mitos culturales y dialoga con ellos para interpretar el presente. Por ejemplo, Carlos García Gual escribió un interesante ensayo sobre las sirenas, qué son y cómo han sido interpretadas por la humanidad a lo largo de la historia. Ésta es una de las dimensiones más importantes de los mitos: de su interpretación se deriva una información sobre nosotros mismos, acerca de nuestra cultura y valores.

Uno de los referentes constantes de los últimos años han sido los vampiros; más allá de los textos de Polidori, Stoker y Rich, también han sido utilizados por la psicología para explicar los trastornos de personalidad, como ha hecho Albert J. Bernstein, quien pone al descubierto sus trucos para parecer adorables mientras te succionan hasta la última gota de sangre. Este psicólogo los clasifica en coléricos, enfermos imaginarios, adictos a la emoción, narcisistas… Efectivamente, todos amamos desde quienes somos, así que, si te ama alguien que utiliza la enfermedad, el victimismo y el llanto manipulativo para lograr lo que desea, te amará utilizando sus armas, es decir, te amará desde su personalidad.

Así que un amor vampírico te amará sólo mientras dure la diversión, la novedad, las atenciones, los suministros. Si no le resultas útil, te deja, no hay más.

Dejando de lado la psicología y el símil de los vampiros, quería comentar dos películas vampíricas que contienen grandes lecciones de amor. La saga de *Crepúsculo* versus las lecciones de amor de *Sólo los amantes sobreviven* (Jim Jarmusch, 2013).

En *Crepúsculo*, de la autora estadounidense Stephenie Meyer, su protagonista hace una mala apuesta (las apuestas están en 1 sobre 5) y no se impone ningún límite (no tiene el mapa en donde se indica el punto exacto dónde debe retroceder un corazón). Bella sólo tiene un objetivo irrenunciable: que la relación no termine.

Evidentemente, es una analogía perfecta del maltrato, aunque millones de espectadores de todo el mundo vean en ello la quintaesencia del romanticismo, ya que así debe ser el amor verdadero.

Y estos son los mismos argumentos que oímos una y otra vez en una relación de maltrato o claramente insatisfactoria para crear la trampa perfecta de la que es imposible salir.

Nos enseñan que amar de verdad significa justificar, quitar importancia al comportamiento maltratador de la persona amada —ataques de cólera, silencios manipuladores, acusaciones delirantes, agresiones verbales, control—, y si amas de verdad tendrás que justificarlo en nombre de las circunstancias, su terrible pasado, su mal pronto o, lo que ya es lo último e inadmisible: atribuirse la culpa a una misma por haber provocado esa reacción.

La gran paradoja a la que nos enfrenta esta visión del «amor verdadero» es que interpreta a la pobre víctima como la mujer más afortunada, la mujer verdaderamente enamorada, como la capaz de cometer el mayor error de su vida.

Veamos lo que ocurre llana y claramente: Bella se enamora de alguien sumamente peligroso que puede matarla, convertirla en vampiro y alejarla de todo su entorno (familia y amigos, tal como sucede en los casos de maltrato), pero, en cambio, en las salas de cine, lo vivimos desde dentro del encanto maléfico de la visión de la víctima y convertimos su terrible destino en el más glorioso y maravilloso de los proyectos de vida humanos: el amor irrenunciable, el sacrificio como prueba de amor irrefutable.

Vayamos a la otra lección vampírica, la que me interesa más, y que desgraciadamente no ha tenido la misma popularidad: *Sólo los amantes sobreviven*. En ella nos encontramos con una pareja que lleva siglos juntos, completamente diferentes en las formas pero iguales en lo referente a sus valores más importantes. Él es depresivo, romántico, gótico y escoge Detroit como lugar de residencia. Una ciudad decadente donde los grandes cines se han convertido en garajes y donde la industria ha desaparecido para dejar paso a una ciudad fantasmagórica y triste. Empapado de negra melancolía, como su ropa, ha escogido la música (compone y sabe tocar todos los instrumentos) como forma primordial de cultura y de conocimiento.

Ella es blanquísima, como Tánger, la ciudad dónde vive; es hedonista, optimista, alegre, generosa y vital. Ha escogido la literatura, conoce todos los idiomas presentes y pasados como camino de creación y autoconocimiento.

Ambos han escogido vivir separados (¿quién no, después de tantos siglos juntos?), pero aun así continúan amándose, hablando todos los días… y están profundamente conectados hasta el punto de asistirse de inmediato cada vez que sea necesario. Asistirse, cuidarse, tenerse en cuenta, es el fundamento de cualquier amor que aspire a serlo y no sólo a llamarse tal.

Estos vampiros son altamente sofisticados, no matan, roban la sangre de los hospitales y evitan cualquier tipo de crueldad. Esta sofisticación, entendida como el trabajo del propio yo, es también esencial en la permanencia del amor. Sólo alguien interesante, que se cultiva y que descubre continuamente el mundo y es capaz de contártelo es capaz de renovar un sentimiento condenado a agotarse si se limita a la contemplación extasiada (y finalmente bobalicona) del otro. El amor sólo puede perdurar si cada una de las personas implicadas en él se esfuerza en cultivarse y crecer.

Estos vampiros sobreviven al tedio del tiempo, al comportamiento humano absurdo, terrible y cansino gracias al amor y a la cultura. El amor, así, se convierte en un proyecto vital hacia uno mismo y hacia los otros, y no sólo en un encantamiento hacia alguien tan fascinante como letal.

- -

¿AMAR PARA TI ES SUBORDINARTE?

Tu incondicionalidad, el hecho de haberte dado al máximo, hacer y demostrar que lo querías de verdad, es precisamente lo que te ha llevado a la frontera de lo soportable. Lo que debería haberte servido para ser más amada se ha convertido en el motivo por el cual se te puede exigir tanto. Triste paradoja del amor que lo que estaba destinado a servirte para enamorar haya acabado por someterte.

No es fácil renunciar a un amor como el tuyo, pues aunque no sea correspondido das tanto; es tan fácil dejarse querer por alguien que lo pone todo al servicio de la felicidad del otro… Lo que en cualquier relación significaría un no rotundo, en tu caso, logra insertar dudas en el otro. Logras confundirlo, pero eso no es lo mismo que conseguir que te ame. Das tanto que el otro acaba consintiendo en ser el espejismo del oasis que tanto deseas, pero no podrá darte el agua. El agua y la sed sólo la tienes tú, ¡lo tienes todo! ¡Utilízalo bien! Por ahora, comprende que te somete sólo porque no eres realmente amada.

Los estudios de género han profundizado en la supeditación, subordinación y situación de inferioridad, habitualmente para explicar otros temas, pero creo que resultan muy reveladores en el amor porque, seas quien seas, has adoptado el papel del amante subordinado, el mismo papel que se atribuye Jacques Brel en el *Ne me quitte pas,* que, si recuerdas la canción, acaba suplicando ser sólo la sombra de su perro. Es importante poder reinventarse cuando un camino se ha agotado.

Te aseguro que puedes ser muy mujer y que el amor siempre tenga relación con:

- Respeto
- Afecto
- Confianza
- Compromiso emocional
- Reciprocidad
- Intimidad compartida

Y que no tenga nada que ver con servir, eclipsarse, supeditarse, tener un papel pasivo, paciente, resignado…

SUFRO, LUEGO AMO

El amor es un sentimiento incontrolable, una emoción pura; no escogemos a quién amamos.

Puede haber buena parte de verdad en esta sentencia, pero permíteme que matice algunos de sus aspectos:

Tal como comentaba en páginas anteriores, nuestra sociedad cultiva especialmente la emoción sentimental adrenalínica, la emoción de captación fácil, la que llega con fuerza y desaparece con el mismo ímpetu. Considera hasta qué punto tenemos estimulado y potenciado este tipo de emociones. Emociones choque de muy fácil captación y de gran intensidad que te alejan de otras vivencias de amor que requieren tiempo, profundidad y cultivo de una relación. Tienes hiperestimulada la emoción choque (piensa en cualquier escena romántica que habrás visto miles de veces: él la ve, ella lo ve y viven una emoción que los fulmina).

A partir de ahora, prueba a aplicar la siguiente fórmula: la atracción significa una invitación a conocer mejor, tranquila y serenamente, a alguien. Si no aplicas este procedimiento, seguirás siendo esclava de una emoción y de una imagen inventada del otro. En cambio, con tranquilidad y criterio partes de una muy buena emoción (aquello que te mueve) para conocer mejor a alguien y, si es posible, amarlo. Algo por completo diferente a tener que amar a cualquier precio.

- - - *EJERCICIO* - - -

Debes llevar a cabo una triple desprogramación en tu mente:

1. *Aunque todas las películas, canciones e historias te digan una y otra vez que el amor de pareja es lo único que puede llenar de sentido tu vida, no es así.*

2. *Los defectos del otro: actitudes mezquinas, egoístas y lamentables deben producirte hastío y ganas de alejarte. Jamás deben provocarte la necesidad de querer cambiarlo y dar más y más de ti misma para mejorarlo. En cambio, debes programarte para entusiasmarte, excitarte y encontrar sumamente atractivo a alguien noble, bueno, sincero y generoso.*

3. *Si has llegado a la conclusión de que amas a alguien que no vale la pena, evita ensoñaciones en que proyectas que te ama y vivís un amor sin fin: céntrate en sus defectos, fíjate una y otra vez en lo mal que ha hecho tal o cual cosa y concluye que es alguien que no vale la pena. Llega a la conclusión de que la persona en cuestión tiene un problema estructural. Estructuralmente, esa persona es mezquina, egoísta o insensible y por tanto jamás conseguirás una relación de amor interesante y gratificante.*

- - - - - - - - - - - - - - -

EL AMOR ROMÁNTICO

Las siguientes ideas parten de mis estudios de género y explican muchos de los sufrimientos del amor. Estarás de acuerdo conmigo en que esta relación te frustra porque te sitúa entre la espada y la pared: o bien te sometes o te dejará.

Independientemente de que seas un hombre, una mujer, de que estemos hablando de una relación con personas del mismo sexo, puedo partir del esquema de amor dominante y amor subordinado para ofrecerte una explicación de por qué sufres en el amor.

El amor romántico tiene una serie de axiomas, verdades absolutas, que vale la pena poner en cuarentena.

El amor todo lo puede.
El amor de verdad supera todas las dificultades.

Fíjate en qué te convierte esta visión del amor: en una luchadora impenitente, en una trabajadora heroica con la prioridad absoluta de que la relación funcione o empiece.

Si tu papel es el de la de máxima responsable del éxito de la relación, tienes un problema importante: te subordina, y si finalmente no funciona va a afectar de un modo terrible tu autoestima, porque has hecho de este amor tu gran misión vital.

También debes tener en cuenta la socialización diferencial. Significa que las mujeres aprendemos e interiorizamos valores. Desde niñas se nos promueven actitudes, se crean expectativas hacia nosotras y se esperan comportamientos típicos de la sociedad en la que hemos nacido. Así es como adquirimos identidades diferenciadas de género. Ésta es la explicación de la famosa frase de Simone de Beauvoir cuando dijo que una mujer no nace sino que se hace.

A los hombres en general se los orienta hacia la acción, el mundo social y exterior, y a las mujeres a la esfera privada, afectiva, y a la intimidad. Históricamente, el amor es la gran especialidad femenina.

¿Quieres alguna frase sobre el amor de grandes hombres? Bonaparte definió el amor como la ocupación del holgazán, la distracción del guerrero y el escollo del soberano. La Bruyère dice que una mujer oculta a un hombre toda la pasión que por él siente, mientras él finge por ella una pasión que está lejos de sentir. Byron dijo que el amor es en la vida de un hombre una cosa aparte, pero en la mujer forma toda su existencia.

En cambio, es una mujer, Laure Conan, quien dijo: «Nada es pequeño en el amor: aquellos que esperan las grandes ocasiones para probar su ternura, no saben amar».

A pesar de los grandes avances sociales, toda esta amalgama tiene una enorme fuerza en nuestra identidad y en cómo vemos y vivimos el amor, el enamoramiento y la relación de pareja. El amor, de esta manera, sigue siendo el eje principal de la vida de muchas mujeres.

Tenemos muchas presiones sociales de las cuales no somos conscientes. Se nos inculca el amor como una misión vital y el único refugio en un mundo solitario con el peligro constante de convertirnos en «una solterona». Como dato anecdótico, observa cuántas películas actuales tratan de bodas y del deseo femenino de casarse.

Por tanto, considera que tal vez no sea tan genuina, tan auténtica, tan propia de ti, esta visión del amor que tiene que ver con entrega incondicional, autorrenuncia, sentimiento de protección y cuidado del otro —las mujeres nos ocupamos del 80% del cuidado de los ancianos y niños de una familia— por encima de las propias necesidades y deseos, y el imperativo de conservar, mantener o crear vínculos de pareja por encima de cualquier otro tipo de relaciones de afecto.

He adaptado en las relaciones de amor lo que los estudios de género califican como pseudomachismos camuflados, así como otras formas de control que he detectado en las relaciones de pareja. Aquí encontrarás formas de sometimiento, de control, de inferiorizar al otro que se llevan a cabo en eso que algunos llaman *amor*:

Intimidación de que te puede abandonar

Sientes que si no te comportas como «debes» puede dejarte. Te sometes con tal de que no te abandone. Tal vez te haya abandonado, y quizá incluso tenga sus razones para ello, pero lo que no tiene perdón es que tú te abandones a ti misma.

Las microbombas afectivas

Es un control oculto que ya he mencionado y que me parece un elemento clave en el mal amor, así que, dada su gran importancia, voy a desarrollarlo un poco más. Son maniobras camufladas —no evidentes ni valientes ni claras— que siempre envían el mismo mensaje: «no te quiero, no te necesito, no te priorizo». **Este tipo de acciones revierten en la propia autoestima; generan pensamientos de confusión, culpa, dudas; favorecen el descenso de la autoestima y la propia confianza.**

Por ejemplo, vais a cenar juntos, se encuentra un conocido y se pasa más de media hora hablando con él sin hacerte el menor caso y ni siquiera te presenta a la persona con la que se ha encontrado.

Como bien sabes, sólo puedes:

- Estallar y parecer desproporcionada.
- Intentar jugar al juego del depravado emocional —«la próxima vez que salgamos hablaré con alguien y lo ignoraré»— (y perderás).
- Disimular, hacer ver que en el fondo tanto te da, cuando te hace daño.
- Intentar decirle que te ha herido. Si tienes que explicar cosas tan elementales del arte de amar como la consideración, tienes pocas oportunidades de éxito. A alguien que te amara bien no tendrías que explicarle cuáles son los mínimos irrenunciables.
- Cuando, por fin, se siente contigo en la mesa vas a estar triste, distante o enfadada. Y tendrás una cena tensa.

Situaciones como ésta te oprimen mientras tú haces malabarismos para mantenerte en la relación. Son formas, todas ellas, de sometimiento.

Maternalización en la relación

Tu papel es el de una generosa madre. Sirves para cocinar, cuidar, proveer, escuchar, consolar. Es decir, te hace caso cuando le resultas útil. Te sometes, tienes una relación de servicio. Debido a que te sientes inferior, crees que sólo estará a tu lado si le resultas útil, placentera y cómoda

Paternalismo

Permites que te trate como a una niña que no sabe lo que le conviene. Sufriendo continuos ataques de microbombas, vas acumulándolos y, al final, estallas. Las microbombas son señales sutiles de que no te quiere, pero al ser tan camufladas te impiden discernir bien la realidad. Así que te sientes tan dolida que estallas, pero al estar tan confundida te sientes desproporcionada. Llegas a estar tan desconcertada y agotada que acabas por pedirle perdón y, luego, él te riñe como si fueras una niña pequeña. Con tal de que se acabe la bronca, prefieres adoptar un papel de persona inferior que necesita ayuda, consejos, llegando incluso a inventarte faltas para dar sentido a un conflicto indiscernible, y por ello llegas a extremos como confesarle que eres inestable emocionalmente o escudarte en problemas de la infancia, y acabas pidiendo perdón porque no sabes lo que haces. Todo ello sólo contribuye a someterte a un nivel aún más bajo y a rebajar todavía más tu autoestima.

También detecta inmediatamente si te alejas, y entonces te controla, te acusa, hace que sientas que lo defraudas, te juzga negativamente diciéndote cosas como «quedamos que serías mucho más constante, ya veo que no puedo fiarme de tu palabra», «el hecho de que te alejes de mí sólo provoca que quiera alejarme yo también» y tú, en lugar de interpretarlo como claras manipulaciones, juras esforzarte más y procuras, como sea, hacer las paces.

Autoindulgencia de la propia conducta perjudicial

Haga lo que haga, siempre acaba con el mismo resultado: elude la responsabilidad de su acción, la niega, le quita importancia. No te permite el diálogo. Si te hace daño ves claramente cómo se hace el tonto, y si insistes te dice que no se ha dado cuenta. Tu agotamiento es tal que consigue lo que quiere: poder hacer sólo lo que le dé la gana y que le firmes un cheque en blanco.

Desconexión y distanciamiento

Son formas de resistencia pasivas, incluyendo el silencio, falta de apoyo, colaboración y luego la crítica. Puede hacerlo como venganza, por ejemplo si le has dicho que te ha sabido mal tal cosa, si te has quejado, si has intentado mejorar algún aspecto. Castigada con la desconexión y el distanciamiento, acabas por pensártelo muy mucho la próxima vez que desees reivindicar algo.

Inspirar lástima

Con el fin de que lo protejas, lo ayudes, sientas que te necesita y sigas trabajando y sometida a la relación. Es una víctima del mundo, de la humanidad; tiene tanta mala suerte; todo el mundo se aprovecha de su bondad… No se te ocurrirá pedirle algo a alguien tan necesitado, ¿verdad?

Falsa implicación, implicación interesada

Realmente no te da un buen juego, sientes que se coloca en la relación como mejor le conviene. Pasa de puntillas ante cualquier responsabilidad, no importa hasta qué punto tú estés mal, él no se entera, o seguramente no quiere enterarse para no tener que ayudarte e implicarse. También es probable que se desviva por ti en una futilidad, y, en cambio, no puedas contar con él para algo importante; de esta manera se crea un paisaje con elementos dispares —«pudiste contar conmigo en esa ocasión...»— para que jamás tengas argumentos definitivos contra él. Su relación contigo cambia en función de sus intereses; por ejemplo, tiene varias relaciones y, si le va mejor con una de ellas, le va peor contigo.

Malhumor manipulativo

Según como actúes, se pone de mal humor, por lo cual vives con miedo a enfadarlo. Lo mismo ocurre con que sea demasiado sensible y se ofenda y se encierre en sí mismo. Tienes que ir siempre con cuidado y eso también es una forma de sometimiento.

Sublimación unilateral del sexo

También es muy posible que tengas sublimizado el sexo, puesto que tú no harías el amor, y menos de una forma tan apasionada, si no estuvieras enamorada. Sin embargo, hay muchísima gente que puede tener intimidad, ternura, pasión y frases de amor con alguien que le gusta pero no lo suficiente.

Avaricia de reconocimiento y disponibilidad

Le cuesta decir lo bien que has hecho tal o cual cosa, reconocer y celebrar lo que has conseguido. Te cuesta disponer de él o de ella incluso cuando lo necesitas, incluso cuando se lo pides directamente. Nunca será un buen momento para dar lo mejor de sí mismo: tendrá mucho trabajo, tendrá que salir de viaje, se encontrará mal…

Comunicación defensiva-ofensiva

La comunicación es básicamente para defenderse o acusarte. No hay diálogo sobre temas comunes, sobre intereses compartidos; no hay intereses generales. El principal foco de interés es la lucha afectiva dentro de la relación, una lucha en la que abundan los mensajes defensivos y ofensivos.

El gato y el ratón

Busca que le quieras para apartarse cuando lo hagas. Provoca que le digas que lo quieres, que lo necesitas, que lo perdonas, que estás allí y, en el momento en que lo consigue, vuelve a alejarse. Se acerca a ti sólo cuando te alejas, para controlarte y retenerte. Es como si nunca consiguierais estar, verdaderamente, en el mismo punto.

Engaños y mentiras

Por ejemplo, dice que no te ha llamado porque ha estado muy ocupado durante toda la semana. Sabes que eso no tiene sentido.

Manipulación emocional

- Dobles mensajes: te dice que te quiere y te ignora.
- Enfurruñamiento: se enfada si no cedes.
- Abuso de confianza: te exige, pide cosas que están al límite de tus posibilidades.

- Falsa inocencia: no se entera del daño que te hace, se hace siempre el tonto y el bueno.

- Impericia y olvidos selectivos: se olvida de ti, de lo que necesitas o quieres, o no sabe quererte mejor pero observas que tiene esas capacidades con otras personas.

- Desvaloración de tus méritos y de sus errores. Tus éxitos no tienen mucha importancia, tan poca como sus errores.

Las únicas normas son mis normas

Es el «todo es posible si me va bien a mí», un mundo sin normas, sin leyes, absolutamente ambiguo, sin procedimientos claros, sin compromisos, sin pautas.

Es otra forma de dominación: puede hacer lo que quiera porque cada vez que actúe, siempre según sus preferencias o intereses del momento, no hay normas que puedan culparle de nada. Por ello intentas, inútilmente, crear reglas para saber qué puedes esperar y qué no, pero él quiere hacer sólo lo que le interese en el momento en que le apetezca y sin predeterminaciones de ninguna forma. Como no sabe qué querrá de ti en un momento dado, prefiere una ambigüedad que acoja cualquier decisión y acción que pueda desear llevar a cabo en el futuro.

¿Te das cuenta de lo que significa un mundo en que la gente sólo hace lo que siente y le interesa en cada momento? No hay reglas ni puedes esperar nada de nadie. Los sentimientos se han convertido en el único orientador vital, y al final hemos creado un mundo de relaciones en que todo el mundo hace sólo lo que le apetezca sin la responsabilidad que también entraña amar. Los sentimientos son como veletas, no se programan, no se sabe cuándo empiezan ni cuando acaban, ni en qué dirección pueden girarse. Querer a alguien significa un cierto compromiso en el futuro, una confianza en que no dejarás de ser amada de repente. El verdadero amor no incluye sólo sentimientos, sino también estar al lado de alguien y asistirlo. Cuando quien amas necesita algo de ti, no tienes que preguntarte si realmente te apetece dárselo, si forma parte de un sentimiento genuino. No son necesarios ni la introspección ni las dudas, las cosas se desprenden por sí solas.

Pobrecita... la dejo hacer

Ésta es una de las formas de rebajar al otro más alambicadas y perversas, porque en apariencia es una actitud de máxima generosidad. Es el caso de que tú te quejas, estás insatisfecha, y el otro dictamina —internamente— que lo haces sin razón, que lo que pides no está fundamentado. Concluye —internamente— que tienes un problema personal que nada tiene que ver con él. A partir de aquí, adopta la actitud de que tiene contigo una paciencia infinita, permite que te quejes mientras te hace el mismo caso que si oyera llover. Te engaña un poquito para que vivas mejor y deja que te desfogues como si todo eso no fuera con él. El resultado es que ya no estás en un plano de igualdad; no puedes dialogar, exigir, pactar, establecer acuerdos. Eres algo así como una neurótica con problemas personales a la que se deja cantar y a quien no se puede tomar en serio; en cambio, él es una persona con una paciencia infinita.

Todas las relaciones contienen trazas de manipulación, dominio y pequeñas fechorías de nuestro yo a veces tan pequeño y lamentable. La cuestión es si es un aspecto marginal o central en la relación.

Intentaré explicarlo de otra forma: tú crees haber adoptado a un cachorrito tierno y cariñoso, pero te has confundido tanto que tienes como animalito doméstico a una serpiente. Pues la verdad, es un animal de sangre fría, indomesticable. Puedes inventarte mil historias: que si ha sacado dos veces la lengua significa que te quiere más, o que si se enrosca quiere decir que se muere de ganas de abrazarte, pero la verdad es que lo tienes muy crudo. Una relación salpicada a todas horas por esta retahíla es insalvable porque estás enamorada de un parásito afectivo que no sólo no puede tratarte bien, sino que es un **narcisista zombi**. ¿Qué es un narcisista zombi?

EL NARCISISTA ZOMBI

Las mismas palabras lo dicen todo:

- Narcisista porque sólo se ve a sí mismo, actúa sólo a partir de lo que siente, sus prioridades y necesidades de cada momento pasan por encima de cualquier otra consideración, no existe pacto posible. Tú eres un medio para llegar a lo que quiere; eres un espejo que le muestras cómo es ser amado por él, cómo es enamorarse de él, cómo es sufrir de amor por él, etcétera. Se conoce y experimenta a través de las relaciones **en las que siempre hay alguien que está sometido**.

- Zombi porque está como muerto por dentro, pero no es un difunto; es un zombi y ataca a los vivos para someterlos. Como está muerto, odia todo lo que está verdaderamente vivo y es capaz de enamorarse, de crecer, de ser generoso… Todo este festival, potencia y vivencia le recuerda todo lo que él nunca será capaz de sentir. No puede amar, no puede sentir empatía, pero viendo al ser vivo sufriendo, llorando, sometido, siente el extraño y oscuro poder del zombi: «Yo soy un zombi. Estoy muerto pero vivo muy tranquilo, estar verdaderamente vivo hace sufrir muchísimo». A través de tu dolor se reconcilia con su distancia de todo. Un zombi nunca sabe quién es ni lo que siente. Y la parte de narciso hace que se diga a sí mismo: «Está bien que sufra por mí, porque yo soy lo más importante del mundo, merezco todos estos dolores y desvelos».

Podría escribirte definiciones que te resultaran más familiares, como depravado emocional, vampiro psíquico. Todas valen. Yo utilizo esta nomenclatura propia porque me permite poner énfasis en el vacío interior y su relación con los demás que le sirven de espejo para sí mismo. Es alguien que no siente, que no sabe lo que quiere y que se mueve, simplemente, por las emociones del momento.

El narcisista zombi se sirve de las emociones de un modo desviado sin importarle hacer daño al otro. El amor, en lugar de ser una vía para crecer y beneficiarse mutuamente, se convierte en una herramienta de traición, manipulación, demostración de poder, de probar hasta qué punto el otro es capaz de someterse y sufrir (porque esto le hace sentirse querido y poderoso).

El narcisista zombi es un sujeto profundamente triste porque apenas es capaz de sentir nada. Esta desvinculación hacia los demás sólo le permite observar sin compartir los sentimientos que provoca. Se aísla emocionalmente con tal de no sufrir, tiene una inmensa capacidad de autoanestesiarse. La supervivencia y no una vida de plenitud es su principal objetivo. Cuanto más te ve sufrir, más frío e insensible se muestra. **La clave para reconocerlo es que su empatía es nula, tu sufrimiento lo distancia.** ¡No le conmueve tu dolor! No puede hacer feliz a nadie porque se siente acorralado y protagonizando vivencias de las cuales, verdaderamente, no forma parte, así que vive en una eterna dicotomía: o bien quedarse solo, o bien no poder evitar herir a los que le quieren. No se puede cambiar a un narcisista zombi: ve, observa, ejecuta los gestos del amor, pero no se vincula, no empatiza, no sufre demasiado ni disfruta excesivamente —a no ser a través del sexo, porque es un goce mecánico y automático, de pura reacción fisiológica—, no se siente vitalmente comprometido con nadie. No jerarquiza: le da igual pasar un fin de semana con compañeros del trabajo que con personas que supuestamente son sus mejores amigos. Tiene un profundo desapego hacia todo el mundo. No tiene argumentos ni sentimientos genuinos porque no puede verse ni interpretarse a sí mismo, así que coge prestadas actitudes, frases hechas, tópicos, declaraciones que ha oído a otros… Si lo observas notas que está interpretando un papel, un papel al cual no está vinculado y que puede cambiar de un momento a otro. Cambiar a un narcisista zombi es imposible, **el único aspecto positivo de una relación con un narcisista zombi es conocerse mejor,** detectar y comprender por qué se cae en relaciones tan malas, aprender a defenderse, a superarlas y a olvidarlas.

EL AMOR ROMÁNTICO

¿Por qué escribo este libro utilizando en la mayoría de casos el género femenino? La respuesta tiene que ver con la conexión en este universo profundo de las mujeres, de cómo viven el amor y con que esta forma de vivirlo no es tan inocente ni casual.

El amor romántico no es consubstancial al ser humano, sino un producto histórico. Siempre hemos amado, pero el amor romántico nace con el amor cortés medieval, nace concretamente en los siglos XII y XIII.

Me refiero al hecho de sentir cosas como:

- Necesitar entregarte totalmente a la otra persona.
- Hacer de la otra persona el eje principal de tu existencia.
- Vivir de manera bipolar: o extremadamente feliz o extremadamente desgraciada.
- La otra persona está antes que una misma, una misma sólo es interesante cuando no hay manera de estar con él.
- Ver el sacrificio, el perdón y la incondicionalidad como pruebas de amor.
- Que la otra persona esté bien y te quiera es tu prioridad vital.
- El mejor uso de tu tiempo es estar con la otra persona; todas las demás actividades, todo el mundo está por debajo de esta prioridad.
- Como lo amas no amarás nunca más, hay un antes y un después.
- No puedes imaginar un dolor mayor que el fin de la relación.
- Tu principal misión, el momento más esperado, es el reencuentro.
- Vigilas activamente —y con sumo temor— cualquier disminución en su interés hacia ti.
- Lo idealizas.
- Anhelas ayudar y apoyar a la otra persona sin reciprocidad ni gratitud.
- Sientes que has llegado a la unión más íntima y definitiva de tu vida.

Todo ello está unido al convencimiento de que somos libres de amar. Que nuestros sentimientos son íntimos y personales y no están influidos por factores sociales ni culturales, puesto que sólo dependen de nuestra voluntad y conciencia. Esta concepción de independencia y fuerte sentido de la individualidad también tienen un momento histórico en el que aparece: el romanticismo del siglo XVIII.

Existen otras verdades muy interiorizadas que también merecen ser puestas en cuestión:

Que exista tu media naranja, la pareja predestinada, la única elección posible

Si es el amor de tu vida, el único amor posible, te creas dos problemas:

- Un nivel de exigencia demasiado elevado, ya que debes dárselo todo porque es el elegido.
- Una tolerancia excesiva, también se lo tienes que perdonar todo porque es el elegido.

Esta concepción, una vez más, tiene una relación directa con el hecho de someterte.

Además:

- La pareja monógama y heterosexual es una construcción social, no es universal ni está presente en todas las épocas y culturas.
- La exclusividad: solo puedes tener una relación amorosa.
- La fidelidad: que todos los deseos pasionales sólo puede satisfacértelos una única persona.
- Estas tres «verdades» son introducidas por el cristianismo en un momento muy determinado de la historia (san Agustín y santo Tomás).
- El amor omnipotente: el amor lo puede todo y con el amor basta para resolver todos los problemas. Con el amor, en

el amor, no es suficiente. Una relación puede ser inviable por mucho amor que se tenga.

No se trata de que seas una libertina si no lo deseas (fíjate que es posible que sientas una repulsión o una actitud defensiva inmediata ante estas ideas); de hecho, no tienes por qué cambiar tu visión del amor; se trata simplemente de ver que otras formas de amar son posibles y no hay una sola, única y verdadera.

La tuya puede ser muy convencional y a la vez completamente personal, pero hay algo en lo que estarás conforme conmigo: tu forma de entender el amor no ha de significar, por su concepción y características, que debas colocarte en una situación de inferioridad, porque cuando amas tienes la necesidad de someterte. **Detecta si tienes relacionado «amor con dolor = amor del bueno».**

Si asocias amor con dolor, amor de verdad con que te dominen, te traten con indiferencia, te hagan sentir el abandono, te obliguen a luchar empecinadamente... llegarás a establecer que sólo el mejor amor, el que vale realmente la pena, el que es inmenso y poderoso, es aquel que puede hacerte sufrir. Podrías llegar a concluir: sufro, luego amo.

- - - - - - - - - - - - - - - - - -
ENAMORARSE O MORIR

Hay otra cuestión verdaderamente dramática en nuestra visión heredada del amor: considerar el amor y el enamoramiento como equivalentes. El amor es un sentimiento duradero y el enamoramiento es un estado exaltado que, según los expertos, puede durar unos tres años.

Vamos a clarificar un tema que causa estragos en la felicidad de muchas mujeres: el amor varía con el tiempo. ¿Estás de acuerdo? Hay un amor del principio y un amor de pasado un tiempo. Es mucho más fácil hablar de amor del principio y amor de tiempo que de enamorada o ya no estar enamorada.

Atribuimos al enamoramiento poderes sobrenaturales porque es indudable, porque nos exaspera, porque vibramos, nos emocionamos... y la estabilidad la asociamos con la falta de pasión.

No es que se acabe la pasión, sino que el amor es diferente si se encuentra en una fase inicial o la pareja está ya consolidada.

¿Quieres vibrar, es decir, quieres vivir sin vivir en ti? Entonces, quiere a alguien que no esté disponible, alguien que viva al otro lado del planeta y a quien sólo puedas ver una vez al año; mejor aún: enamórate de un inmaduro afectivo que jamás sepa lo que siente por ti... Te aseguro que sentirás la misma emoción que el primer día, porque nunca pasaréis del primer día, os quedaréis en un sempiterno inicio. Pero si en el amor tienes suerte, entonces te estabilizarás. Y la estabilidad mal entendida puede ser sinónimo de rutina y aburrimiento. Sólo las historias sin historia no sufren los estragos del tiempo. Sólo las historias que no avanzan, que se quedan para siempre en la primera semana de conocer a alguien, que no contienen ni compromisos ni proyectos, pueden vivir al margen del tiempo... pero el tiempo transcurre de verdad y puede suceder que pasen muchos años y te despiertes muy tarde con las manos vacías, habiendo vivido una intensidad y pasión que en el fondo era más bien aturdimiento, estridencia, discordancia e inutilidad.

La emoción pasional de una relación en estado inicial, confusa o clandestina es enajenadora, inmensa, desaforada, llena de miedos, altibajos y necesidades. Con el tiempo, con la consolidación de la pareja, la cotidianidad transforma este sentimiento: se convierte en algo profundo, lleno de cariño y ternura; el sexo es placentero, intenso, agradable, pero ya no es cuestión de morirse por nadie. Se vive, se vive incluso mejor, se vive tranquilamente, porque no es todo desgarrador sino cómodo, confortable y más tranquilo.

Sólo se trata de ver serenamente y sin falsas ilusiones esta realidad, una visión que está muy lejos del ácido escepticismo utilitarista según el cual el amor se acaba con el tiempo. Lo que se acaba es la novedad, pero el amor, cuando es profundo, es incompatible con la novedad. No es que el amor se acabe con el tiempo, es que sólo puedes llegar al amor a través del tiempo.

El secreto del amor eterno es que cada uno sea alguien interesante e infinito, que no tenga que recurrir a cortinas de humo (como la confusión o la falta de compromiso) para que pueda mantenerse el interés. Sólo si no te acabas a ti misma, el amor no languidece; y el otro no se extenúa, sólo si también él es un ser infinito para sí mismo. Sólo dos personas ricas acaban por no empobrecerse mutuamente. Primero tienes que tener una relación infinita contigo misma y con la vida, y, si y sólo si esto ocurre, podrás tener una relación infinita con alguien que tenga una relación a la vez infinita consigo mismo y con la vida.

No se trata, en absoluto, de considerar la pasión como un período transitorio con fecha de caducidad intrínseca, y que se imponga cambiar de pareja cada pocos años. Quien piense así sólo conocerá la parte más superficial de las relaciones personales. Algunas parejas cortan cada cierto tiempo, y entre el duelo y las esperanzas de un nuevo inicio, viven formas de conflicto y de dolor bajo el espejismo de una historia de amor que va mejorando, en la que durante cada período de dolor (cada vez que la relación se da por terminada) se supone que están tomando nota y aprendiéndose a amar mejor cuando la única cosa que están adquiriendo es más desconfianza y desánimo. Como siempre están empezando de nuevo, viven la pasión del principio a un precio altísimo de dolor e incertidumbre constante.

El amor está indisociablemente unido al tiempo, pero no vivimos tranquilamente el proceso de transformación del amor. **Se sufre porque pensamos que ya no estamos enamoradas. Confundimos el amor inicial con que ya no amamos a nuestras parejas.**

Esta percepción es fruto de una sociedad y mentalidad que sólo valora el amor adrenalínico, de emoción choque, exaltado, intenso y arrebatador. Descartando por completo los amores profundos, de una intensidad diferente, con más comprensión, ternura e implicación. Quien es maduro para captar y agradecer estos valores, no cambiaría la profundidad, el apego y la estabilidad por la vibración del terremoto del principio, porque nada estable surge de las vibraciones sísmicas. **Si vibras tanto es porque no te dejan reposar, no te dejan establecerte.** Nadie puede construir un hogar sobre un precipicio.

Muchas mujeres creen que ya no aman a sus parejas porque no sienten el mismo amor que al principio y esta creencia puede llevarlas a pensar que es mejor abandonar la relación. Las investigaciones han demostrado que las fases del enamoramiento intenso van modificándose a a medida que transcurre el tiempo y dan lugar a procesos de otro tipo con más confianza y seguridad. Simplemente, hay que vivir como natural esta transformación del amor y dejar de interpretarlo como algo traumático.

Tenemos un problema grave de madurez personal. El amor (no como algo profundo, sino como bien de consumo) es una de las grandes formas de entretenimiento vital. La enajenación de amores apasionados y tormentosos nos impide aburrirnos en el trabajo y desarrollar una vida interior. Cuando alguien tiene un proyecto personal, agradece un amor que le haga quedarse consigo mismo. Si desarrollas con seriedad la segunda parte del programa no encontrarás tan deseable un amor que te enajene.

El amor cortés se vivía siempre al margen del matrimonio; nuestra época une los dos conceptos. No tienen de manera natural por qué ir juntos; de hecho, relacionarlos es fuente de conflictos porque significa unir un estado permanente (el matrimonio) con algo transitorio (el enamoramiento inicial). El matrimonio es el lugar del amor de compromiso, pero es incompatible con el sentimiento inicial del amor, porque es precisamente, esto: inicial.

Intenta, en la medida que puedas, cambiar el concepto de enamoramiento por el de amor inicial. Deja de proveer el enamoramiento de poderes sobrenaturales. Es como si consideraras los trece años la mejor edad posible y te condenaras a vivir con desesperación la llegada de los treinta. Si le preguntas a una madre cuál es la mejor edad de su hijo, como lo ama, te contestará: «Cada edad tiene algo, cada etapa es preciosa». Aceptar las riquezas de las edades de la vida y de cada etapa del amor es amar verdaderamente la vida y el amor.

El enamoramiento que tiene éxito se convierte en amor, de la misma forma que el amor inicial, si es afortunado, pasa a ser un amor de lustros. Una infancia con éxito llega a la edad adulta y una edad adulta que consigue sus objetivos llega a la vejez. La vejez es la cima de una vida de etapas culminadas.

Algunas personas se enamoran cuando sienten que han encontrado el mejor objeto disponible en el mercado; quizás sabes que amas a alguien cuando lo amas tanto por sus cualidades como por sus defectos, porque es esta amalgama de luces y sombras lo que lo convierte en alguien único.

LA AUTOESTIMA PIVOTANTE

Creo que la autoestima es un factor determinante para llegar a un mal amor, juntamente con un tipo de adicción ludópata (véase capítulo «El amor ludópata», pág. 71).

La autoestima pivotante es saberse alguien de valor pero aun así necesitar que alguien muy «especial» lo corrobore. Conside-rarse especialmente escogida, amada de veras, para que alguien difícil, poco comprometido, inmaduro, con problemas, melancó-lico, serio, emocionalmente frío, dependiente, con serios proble-mas vitales… te ame (léase que un «narcisista zombi» te ame). A este ser se le otorgan poderes como una especial fortaleza interior, una gran capacidad de juzgar lo que vale o no la pena, y si algo tienen los narcisistas zombis es un enorme carisma y la capacidad de hacerte creer que son la persona que durante tanto tiempo has estado esperando. Es fácil engañarte. Si te gusta la literatura, te escuchará como si fuera un experto; si te gusta la montaña, pare-cerá que ésa es su pasión. Crea un cuadro perfecto de tus anhelos e inquietudes. Pero si te fijas bien, aporta poco, limitándose a escu-charte y darte la razón, y con eso tú ya tienes suficiente para atri-buirle grandes méritos y estar segura de que es tu alma gemela.

Un ejemplo que me llamó la atención fue la escritora Marguerite Yourcenar, a quien tanto admiro. Sus grandes obsesiones amorosas parece ser que fueron por hombres homosexuales; hombres que la hacían sufrir, con los que vivía relaciones auténticamente destructivas. La razón, a mi entender, es que pretendía ser única de veras, ser «la escogida», el caso sin precedentes ni continuidad. Ser amada por alguien que no te puede amar es ser radicalmente amada, ser elegida sólo porque tú eres tú, pero, a la vez, dejarse someter por personas que nunca te harán feliz es tener poca autoestima. Por ello lo denomino autoestima pivotante: considerarse con suficiente valor para conseguir ser amada con tan bajos pronósticos de éxito y, al mismo tiempo, pasar por auténticos calvarios que sólo una autoestima baja soportaría.

Es el mismo caso que luchar por alguien que no está dispuesto a dejarse atrapar por tu amor: hace falta una percepción bastante potente de una misma para creerse capaz de cambiar esta tendencia y, a la vez, es necesario un bajo concepto de una misma para insistir en intentar que te ame más y mejor alguien que no puede hacerlo y soportar su actitud durante el largo proceso de tira y afloja cuando el resultado garantizado es el desamor.

La autoestima pivotante busca conocer su propio valor y, con un terrible error de cálculo, cree que lo encontrará en el reconocimiento de alguien frío, distante, emocionalmente indiferente o lleno de temores y esquivo (y confunde todas estas anomalías con fortaleza interior). O se embarulla de tal modo que confunde alguien que no está enamorado con un ser increíblemente rico interiormente dueño de un mundo secreto de amor por descubrir.

O bien quiere redimir una vida que va a la deriva. La autoestima pivotante se enamora de alguien con profundos conflictos (alcohólico, con problemas mentales, económicos, familiares) y quiere convertirlo en la mejor persona posible. Para demostrarse a sí misma que puede hacer verdaderas odiseas humanas, y proyectos heroicos... cuando las vidas desgraciadas suelen ser consecuencia de la suma de sucesivos fracasos y no de un golpe de mala suerte.

Como bien sabes, todos amamos desde quienes somos; alguien con problemas es muy posible que te ame de un modo problemático. Alguien frío es altamente posible que te ame fríamente.

Pero no te preocupes, tener una autoestima pivotante es signo de sabiduría. La autoestima prepotente, arrogante, jamás dubitativa, no es nada atractiva. Es mucho más interesante tu autoestima, capaz de cuestionarte y de ejercer la autocrítica. Con esta autoestima segura-insegura y amándote, serás una mujer estupenda, interesante... consciente de sí misma pero jamás altanera. ¡No te cambies por nadie! Una autoestima sin fisuras significa un amor propio muy mal informado.

LLEGADAS A ESTE PUNTO

Llegadas a este punto, necesito tu compromiso vital para seguir avanzando.

Es necesario que compartas conmigo una serie de conclusiones:

1. Que no merece la pena seguir intentando encontrar una respuesta. La única respuesta es que no hay respuesta, el único secreto es que no hay secreto. Jamás sabrás lo que siente, seguramente porque no lo sabe ni él mismo. Y si necesitas llegar a una conclusión, lo más probable es que no te ame lo suficiente.

2. No vas a preocuparte por dejar o continuar con la relación. Lo que voy a pedirte está por encima o por debajo de dejarlo, el programa de trabajo de las siguientes páginas sólo tiene relación contigo y es posible en todas las circunstancias (junto al mal amor, después de que te haya dejado, pensando en dejarlo… todo ello es indiferente, porque de lo que se trata es de que asumas el protagonismo de tu vida, de recolocar los papeles: él o ella tiene un papel secundario, tú tienes un papel principal en tu vida).

3. También me gustaría que considerases que:
   - Tal vez lo que sientes no es tan genuino como te parece (desde siempre has tenido responsabilidades, eres salvadora, te desvives por ayudar, tienes una imagen idealizada de ti y del amor basada en los tópicos románticos, que a la vez se crearon para someter a la mujer, te han educado personas muy distantes y frías emocionalmente).
   - Esta fórmula de vivir y amar ya no te sirve, no quieres pasar el resto de tu vida padeciendo hambre y sed afectivas. Vas a ser capaz de sentir, vivir e interpretar la vida de otra forma; vas a atreverte a reinventarte.
   - Eres consciente de que estás muy apegada a un tipo de relaciones adrenalínicas, de montaña rusa emocional, y que te costará vivir la cotidianidad, el trabajo diario, las relaciones sanas, constantes, también previsibles y menos intensas que las que se basan en el estímulo intermitente de Pavlov. Vas a tener que educar tu afectividad.

A partir de aquí, empieza tu trabajo personal, único e intransferible. El objetivo es que, trabajando una serie de factores que aparentemente no tienen nada que ver con el amor, haya amores que, simplemente, ya no te queden ganas de revivir.

SEGUNDA PARTE
Y ahora tú

Love is not enough. It must be the foundation,
the cornerstone, but not the complete structure.
It is much too pliable, too yielding.

Con el amor no hay suficiente. Debería ser fundamento,
la piedra angular, pero no la estructura completa.
Es demasiado flexible y puede ceder fácilmente.

BETTE DAVIS

A pesar de que te hayas imaginado la felicidad completa al lado de alguien... existe, te lo aseguro, la posibilidad, que sólo depende de ti, de tener una vida de plenitud.

La idea es que para que dejes de obsesionarte con esa persona te construyas una vida tan interesante, con tanta satisfacción, bienestar, alegrías y posibilidades, que te resulte difícil vivir sentimientos y situaciones que, hasta ahora, has asociado al *summum* de la felicidad. La primera cosa que debes tener en cuenta es que, si pusieras en un plato de una balanza los llantos, tristezas, disgustos, sinsabores y los malos ratos que has pasado, y en la otra los grandes momentos gloriosos (precisamente tan deslumbrantes por la oscuridad de la tristeza que los envuelve), no creo que te saliera un saldo positivo en las cuentas del libro de la felicidad.

Sentirse abandonada es una de las experiencias más traumáticas que se pueden experimentar. Se vive el mismo desamparo que si fuéramos abandonados, de pequeños, por nuestra madre. La desolación es absoluta, la pérdida de referentes y la enorme vulnerabilidad marcan una experiencia llena de angustia. Afecta a la autoestima, crea miedos e inseguridades y es mejor no tener que revivirlo jamás. Para evitarlo, debes trabajar en dos direcciones: escoger a alguien con la suficiente calidad humana (recuerda que es más fácil que alguien que te ha herido vuelva a herirte a que te hiera por primera vez alguien que jamás lo ha hecho). Y, en segundo lugar, convertirse una misma en un buen refugio en caso de tormenta. La garantía absoluta no es posible tenerla, pero vale la pena tomar todas las precauciones posibles antes de volver a saltar con el máximo ímpetu.

¿Cómo puedes saber que alguien no te abandonará? Sinceramente, **lo más fácil para saber cómo actuará alguien en el futuro es observar cómo ha actuado en el pasado.** Si deja a su pareja por ti, es posible que llegue un día en que te deje a ti por una nueva pareja. Sí, todos merecemos nuevas oportunidades y podemos cambiar, pero ten en cuenta este factor porque tu confianza no puede ser ciega.

Crear una vida interesante no es fácil; en otras palabras, ayudarte a señalarte las pistas para conseguir que tu propia vida te fascine y te tenga vorazmente entretenida —como el mejor de los amantes haría— no es sencillo.

Existen las soluciones banales, que ya habrás oído muchas veces: incluye en tu apretada agenda semanal algo que te guste, encuentra un momento para ti… y descubres desilusionada que al final tu vida sigue siendo igual, salvo por el hecho de que tienes una nueva actividad a la que dedicas los martes y los jueves de 8 a 9 y que estás a punto de abandonar porque no ves la diferencia entre tu vida de antes y la de ahora, en la que tienes un momento para ti que, básicamente, constituye una nueva obligación.

Voy a darte las pautas que considero indispensables para tener una buena vida. Puedes variar los elementos, pero no creo que sea posible una buena vida sin orientación ética, sin autoconocimiento, sin objetivos y sin disfrute.

Es como si te dijera que la salud pasa por tener una buena genética, hábitos saludables (no fumar, tener un peso de salud, hacer un poco de deporte, dormir entre seis y ocho horas diarias…) y, a partir de aquí, que te inventaras cómo conseguir la mejor salud del mundo; por muy creativa que seas, vas a tener que pasar por las indicaciones anteriores.

Antes de entrar de lleno en cada una de las líneas de trabajo, voy a empezar por la base indispensable de cualquier proyecto: la madurez personal.

LA MADUREZ PERSONAL

La madurez significa convencerse de verdades fundamentales como que no todo es posible (recuerda lo que se ha comentado en relación con la tolerancia a la frustración en el capítulo «El amor inmune al realismo»).

Vivimos en una sociedad de falso triunfalismo constante. No siempre es posible lograr lo que una quiere, aun cuando se ponga todo el empeño en ello. Entender, aceptar y aprender a asumir con serenidad que nunca tendrás la relación que deseas con esa persona es empezar a tener bien puestos los pies en el suelo.

La madurez también significa sacar el máximo partido a la realidad, sea ésta la que sea.

La madurez personal es absolutamente indispensable para vivir y para todo lo que te propongas: dejar de fumar, mantener relaciones sólidas y profundas, tener buenos amigos, ser un buen padre o una buena madre, comportarse como un buen compañero de trabajo… Nuestra actitud vital es determinante en la relación con nuestro entorno. Nuestra libertad y responsabilidad empiezan y acaban con nuestro modo de responder a las circunstancias que nos ha tocado vivir. Luchar porque te tiene que querer sea como sea es una forma poco evolucionada tanto de vivir como de querer. Tienes obligaciones hacia ti, saber quién eres, descubrirte, ofrecerte la mejor vida posible. Ésta es tu misión vital y no el ser querida por determinada persona. Si te ha dejado y renuncias a tener interés por ti, le estás dando la razón a quien te ha abandonado, vuelves a decirte —pero de un modo mucho más doloroso— que no te quieres porque no te resultas suficiente interesante ni atractiva a ti misma. Todo lo que querías vivir con él, aún te es posible vivirlo contigo.

Mercedes es una mujer que no sabe disfrutar vivencias gratificantes si no es pensando que las podrá ofrecer a alguien más. Si encuentra un buen servicio, un buen terapeuta, un lugar especial o cualquier tesoro pequeño o grande, sólo lo vive pensando a quién se lo podrá ofrecer, personas queridas que lo necesitan y a las cuales les irá muy bien. No sabe lo que es disfrutar algo para sí misma, disfrutarlo intensa y solitariamente. Te recomiendo que leas este libro sin pensar a quién le puede ir bien, es para ti, es una experiencia personal tuya, aprovéchala sin distraerte pensando en quién puede compartirlo.

Saber qué se quiere hacer con la propia vida es un diálogo incesante que sólo finaliza con la muerte. A pesar de ello, es necesaria una cierta coherencia biográfica que nos permita mirar hacia atrás y saber quiénes somos gracias a todo aquello que hemos llevado a cabo. Es como si ahondáramos en las raíces de nuestro yo para extraer la savia que nos permita empujar nuestra vida hacia un punto más elevado.

Tener una actitud vital positiva y ser tan buena persona como sea posible son los mejores indicadores de una relación profunda e intensa con la vida. Es importante comprometernos con nuestro día a día, mejorar y desarrollar nuestras capacidades personales con el fin de tener una vida humanamente completa y realizada, una vida que nos acerque a la persona que deseamos ser, que nos lleve hasta nuestras vocaciones y sueños, en definitiva, que nos permita cumplir nuestro mejor destino como personas.

A partir de ahora quisiera que te centraras sólo en lo que cumpla estas dos premisas:

- Que sea posible
- Y que dependa de ti

Con que sea posible y dependa de ti ya englobas una enorme parte de las posibilidades de tu vida. Como dijo Emily Dickinson: «Prefiero la mansión de lo posible, tiene más puertas y ventanas». A veces nos encerramos en habitáculos sin salidas, cuando podemos crear hogares confortables y a la medida de nuestros gustos y necesidades partiendo de las posibilidades de nuestro presente.

TOMA NOTA

Céntrate en lo que sea posible y dependa de ti, se trata de un universo lleno de oportunidades que establece tu situación real como el verdadero punto de partida: el presente es el único lugar desde donde puedes empezar a mejorar.

Recuerda: puedes mejorar enormemente tu vida tan sólo cambiando de comportamiento (¡y sin cambiar de vida ni dejar la relación!).

De hecho, si aún la mantienes es mejor que no la dejes, ya que supondría un tiempo en que no podrías albergar nada nuevo, sumida en el duelo y la desesperación de la pérdida. Como ya he señalado, la sensación de abandono es una de las experiencias más traumáticas que se pueden llegar a vivir; en particular, durante la adolescencia junto a una familia que no cultive el afecto ni desarrolle la seguridad personal de sus hijos, las secuelas pueden llegar a durar décadas.

Si lo has dejado o te han dejado, tómate tiempo, relee la primera parte de este libro y, cuando te sientas mejor, tienes mucho que hacer. No temas pasar un período de duelo, lo necesitas. Es importante en la vida no saltarse etapas; cada vivencia, cada relación, debe digerirse bien.

¿Cuáles son algunos de los elementos que posee una persona madura?

− − − EJERCICIO − − −
RESPONDE POR ESCRITO LAS SIGUIENTES PREGUNTAS:

¿Cuáles son tus principales limitaciones y tus capacidades?
Sabes que las limitaciones pueden reducirse y tus capacidades aumentar. ¿Cómo podrías hacerlo?

La madurez personal implica autoconocimiento, tanto la aceptación de las propias limitaciones —sin por ello dejar de mejorar—, como saber cuáles son las capacidades que posees.

Cada uno tiene un talento individual, algo que se nos da especialmente bien, así que trata de descubrirte. Insistiendo y potenciando nuestros dones personales asentamos las bases de una vida mejor, nos damos la oportunidad de sobresalir en aquello que nos hace especiales.

Todos tenemos un don: puede ser por ejemplo un don creativo, como pintar, escribir o fotografiar. Hay quien tiene una enorme ca-

pacidad para organizar y coordinar, otros para escuchar y reconfortar. Busquemos nuestros puntos fuertes y desarrollemos nuestra vida a partir de ellos, pues al estar en mayor sintonía con lo que realmente somos nuestra plenitud vital será mayor y nuestro éxito profesional, posiblemente, también.

Dedica tiempo a esta cuestión, es una idea central a la que regresaré en el apartado del autoconocimiento.

¿Sabes gozar de los placeres básicos de la vida, de lo que te ofrece el día a día? ¿Sabes lo que es importante o esencial para ti?
La madurez personal implica saber gozar de los placeres básicos de la vida, como contemplar un amanecer, jugar con tus hijos, pasear por el mar, disfrutar de tu té preferido o tomar un café con tu mejor amiga. Saber disfrutar de las pequeñas y grandes cosas de la vida es el mejor antídoto para no amargarse, pero a la vez es necesario ser inconformista y luchar por todo aquello que consideres importante o esencial.

Es necesario que nuestros objetivos vitales no nos aparten de la conexión con todo lo que nos rodea; en este diálogo en tiempo presente con lo que nos sobreviene y nos acompaña podemos encontrar muchas ocasiones para disfrutar de la vida.

¿Te colocas en el centro y en la periferia de tu mundo?
La madurez también significa no vivir centrado sólo en uno mismo: tener objetivos, tener algo que hacer positivo, generoso e interesante. Poner en práctica un tipo de vida activa, responsable, con cierta disciplina, que nos permita tomar decisiones. Una vida con una importante presencia de los demás, no reconcentrada y hundida en las vicisitudes del narcisismo, pues de esta forma sólo se llega a una actitud autorreferencial vacía que demasiado a menudo se confunde con un sano egoísmo.

¿Sabes defender serena y tranquilamente tus necesidades?

No hay que dejarse llevar por los demás ni por las circunstancias —si no son apabullantes— sino tener un criterio y un estilo propio de hacer las cosas y resolver los problemas. Tampoco es necesario mandar o que se haga sólo la propia voluntad. La madurez tiene más relación con el juego de equilibrios que con las verdades absolutas. Aprender a madurar también significa aprender a defender las propias necesidades.

¿Quieres bien? ¿A tus amigos, a tu pareja, a tu familia?

Digo «tu pareja» y quizás eso te extrañe. Hay quien vive un mal amor con un amante. No quiero culpabilizar a nadie por estar viviendo un terrible dilema sentimental; es posible amar a alguien con un amor de tiempo y, simultáneamente, amar a alguien con un amor inicial. Toda la parte de novedad, de intensidad del principio, queda desocupada cuando se llega a una relación estable. Precisamente por el endiosamiento social del amor inicial, alguien puede sentir que le falta algo básico en su vida, o que no ama lo suficiente a su pareja porque, si no, no querría a nadie con un amor inicial... Esto, así planteado, no es exacto; simplemente son sentimientos diferentes y no necesariamente incompatibles. Por otra parte, también es verdad que hay un cierto egoísmo —tal vez sano, tal vez no; es un tema demasiado delicado para poder juzgar a nadie—, aunque no siempre es fácil —y hay que pagar un precio—, que conduce a esa voluntad de querer tener cubiertas todas las facetas de la vida: tanto la seducción, la aventura, la pasión inicial, como la estabilidad y tranquilidad de una vida segura. Mucha gente, con el tiempo, llega a tener como dos matrimonios: el amante de tiempo y la pareja estable, y entonces vuelve a necesitar cubrir la parte inicial de una nueva relación; debido a ello, puede llegar a cambiar periódicamente de amante. Muchas personas son adictas a la emoción de un amor inicial, necesitan estar siempre en la fase inicial del amor. Como sabrás, un cerebro en las

primeras etapas del amor y un cerebro cocainómano tienen quími-
camente mucho en común. La pregunta vuelve a ser si prefieres
emociones estridentes o puedes vivir con sentido y progreso. Porque
una vida con un nuevo amor cada pocos años es una vida circular,
como un tiovivo vital: después de algunas vueltas del carrusel, cam-
bias de asiento pero tu existencia es la misma.

Es evidente que la madurez tiene una relación directa con la ca-
pacidad de crear fuertes sentimientos de afecto hacia los demás,
lazos sólidos donde también haya lugar para las discusiones y las
desavenencias.

La madurez personal implica llegar a unas conclusiones vitales,
una de las cuales es que sin amor apenas somos nada, pero pode-
mos amar mucho y bien sin que sea un amor reconcentrado en uno
mismo o en la propia pareja, porque entonces sólo sería un egoísmo
dual.

Éstos son sólo algunos elementos básicos que configuran la ma-
durez personal. Como puedes comprobar, se trata de un camino úni-
co e intransferible y es imposible hacer una lista cerrada —entre
otras cosas, porque una persona madura siempre será receptiva a
adquirir nuevas capacidades y a llenar de más posibilidades su
vida—, pero en general puede afirmarse que conlleva unos princi-
pios éticos, incluye una actitud positiva y establecer un diálogo entre
la realidad y los propios deseos.

Trataremos estos temas y muchos otros en esta segunda parte.

Ser alguien maduro y optimista significa también comprometer-
se en la propia vida y, tal como afirmó Goethe:

Hasta que no haya un compromiso, existe la duda, la posibilidad de retroceder, una ineficacia constante. En todos los actos
de iniciativa (y de creatividad) hay una verdad fundamental.
Cuando esta verdad se ignora, las ideas y planes maravillosos
se disuelven: esta verdad se forma en el preciso instante del

compromiso y, sólo entonces, la Providencia nos acompaña. Entonces suceden cosas jamás imaginadas. Una corriente de sucesos surge a partir de la decisión tomada, favorables para la materialización y la asistencia de nuestros propósitos aunque nos parezca imposible. Es necesario empezar todo aquello que se puede hacer y con lo que se sueña. La audacia es genial, poderosa y mágica. ¡Es hora de empezar!

Tú eres la única persona que sabe si hay una verdad fundamental en comprometerte contigo… Si es así, ¡es hora de empezar!

LA VERDADERA LIBERTAD SIEMPRE TE CONDUCE A LA MEJOR OPCIÓN

Voy a pedirte algo muy difícil: que dejes de lado aquello que te sale espontáneamente.

Aunque te parezca lo contrario, no es tu verdadera naturaleza. Tienes un fuerte anclaje de hábito y de relacionar causa y efecto que pueden haber distorsionado tu verdadero yo.

No puedes empezar este proyecto si continuamente estás sufriendo porque no puedes llamarlo o escribirle y no dejas de estar pendiente de él. ¿Quieres esta libertad? ¿Te sientes más cerca de tu propia vida enfurruñada y obsesionada con alguien? ¿Quieres seguir estando triste, cansada, luchando con algo sin formas, sin asideros, sin nada a lo que agarrarte? El desamor no tiene manos tendidas, sólo hay formas contradictorias y ambiguas de no demostrarte si te quiere. Y es mejor el silencio y el vacío que alguien que se halle lo suficientemente lejos de ti para que no lo tengas y lo suficientemente cerca para que no lo olvides.

También es típico de las actitudes del narcisista zombi: a pesar de no poder apostar por nadie, le parece inteligente dejar diferentes caminos abiertos por si alguna vez quiere retomar alguno de ellos.

Prueba a cambiar por completo de mentalidad: precisamente, porque eres libre, porque sabes lo que quieres, porque tienes claras tus prioridades, no te tiene atrapada por cuatro mensajes de móvil y un par de citas al mes.

No eres la desgraciada esclava sometida a la contradicción de estar enganchada a alguien a quien en el fondo no respetas, porque alguien así, tan poco generoso, que aparenta amarte sin hacerlo, es alguien que en el fondo no te gusta. Es posible estar enamorada de alguien que ni siquiera te cae bien, a quien no respetas. Pero ahora vas a empezar a ser alguien libre, dueña de ti misma, que no se dejará arrastrar por la campana del SMS ni el timbre del teléfono, momentos que no valen casi nada y que te apartan de ti.

En una época no demasiado lejana, cuando los móviles no tenían el protagonismo actual, María se pasó un fin de semana sin poder tender la ropa por miedo a no oír el teléfono. Así que se quedó desde el viernes hasta el domingo sentada junto al teléfono, sufriendo por si éste no funcionaba o por si algún ruido evitaba que lo oyera cuando sonara. El domingo por la noche estaba con la ropa mojada y sin haber recibido su llamada. ¿No se te ocurren formas mejores de pasar un fin de semana?

Como ya he comentado, estamos sumidos en un constante culto a la emoción, deseamos que un sentimiento o un apetito nos arrastre y absurdamente lo interpretamos como lo más auténtico; lo que más nos hace sentir parece ser lo más irrenunciable. ¿De veras lo mejor para ti es lo que te arrastra sin hacerte feliz y vulnera tu libertad y dignidad? ¿Lo que te impele es más importante que lo que verdaderamente te motiva?

Rotudamente, no: **redefine tu concepto de libertad.** La verdadera libertad es poder escoger, y nadie es de veras libre si no puede elegir aquello que sabe, sin la menor duda, que es lo mejor para él.

En esto de la pasión hay dos modelos. Uno es el romántico, que para que te hagas una idea es el de *Cumbres borrascosas,* en el que todos son víctimas de una pasión desaforada, de un amor tan grande que es imposible no vivirlo. Son sujetos víctimas de pasiones indomables.

El otro es el modelo clásico. En los clásicos, en cambio, entre los antiguos griegos y romanos, el ideal humano era ser dueño de uno mismo. Poseerse verdaderamente, tener un yo elevado que observa el mundo y elige sólo lo que es digno de él, lo mejor.

Si estableces lo más auténtico y genuino como un sentimiento o apetito que te arrastre, entonces no eliges. Pero recuerda cómo es el auténtico amor: te permite crecer, no te tiene obsesionada y paralizada. No lo dudes: tu verdadero yo no es el que se entrega automáticamente, sino el que hace lo que de veras quiere, sin automatismos inevitables.

Un amor «inevitable» hacia alguien que no tiene categoría personal y que no te quiere ni te trata como te mereces debe convertirse en un amor descartado. Tienes la misión de salir de esta trampa. Te lo debes, parafraseando a la poeta Maria-Mercè Marçal: «Tienes dentro de tu cabeza una cabeza enamorada, matriz sin camino, darla a luz te mataría; conservarla en ti te haría morir». Debes conseguir acabar con esta parte de ti sin destruirte. Un objetivo difícil pero absolutamente necesario.

El amor de tu vida sólo es una historia de alguien que se relacionó contigo sin tener claro que te amara lo suficiente (o bien sin tener las capacidades necesarias o bien porque tenía otros intereses vitales…; al final, todo viene a ser lo mismo). Habéis compartido experiencias que habéis decidido vivir de modo diferente: tú has cometido el error de asociarlo al amor de tu vida, creíste ver el amor, pero nunca es amor si sólo lo ves tú. Si uno de los dos no ama, el que no ama vence; su poder es infinitamente mayor. Sólo entregándote a esta realidad vas a dejar de sufrir.

A partir de ahora, el mundo ya no puede seguir siendo un signo o un fenómeno; no puedes seguir rastreando huellas que te acerquen a él. Quítate la ropa sucia, el polvo; límpiate las heridas; la batalla ha terminado. Ser vencida por la realidad forma parte del difícil arte de vivir y del dolor que entraña la sabiduría. Entrégate a lo que es, libérate de la sensación de sentirte abrumada por una realidad en la que ningún fonema ni sentimiento conseguirán abrir la más mínima grieta. ¿Vas a custodiar un amor que tan sólo a ti te pertenece? Es como si te quedaras velando un cadáver hasta el fin de tus días. Entiérralo, vive el duelo, honora su recuerdo, pero no lo confundas con el sentido profundo y futuro de tu vida.

¿Algo de ti te dice que vuestro amor era verdadero? ¿No puedes alejar esta certeza de tu mente? Entonces, si es amor verdadero nacerá de una responsabilidad compartida, de un amar y ser amado. Pásale a él el cometido de convencerte mientras te entregas con sinceridad a la verdad de que el amor que viviste no era cierto. Si te equivocas, luchará por ti, intentará convencerte, te ofrecerá propuestas de amor indudables y, con el tiempo y la dedicación suficientes, logrará que olvides esta certeza y la sustituyas por otra más auténtica: que te ama. Pero alguien que te ha colocado en la indigencia es muy difícil que te convierta en una reina. Pero sí, quédate con ello: conserva el remoto camino, altamente improbable, estrecho y recóndito que ya sólo depende de él tomar. Éste es el rastro que deja la realidad por si acaso se equivoca, aunque, si la verdad a la que te has entregado es cierta, jamás tomará este camino. Es un pacto justo; entrega las armas, la resistencia… e inicia una etapa resplandeciente de bienestar y paz, lejos de campos de batalla llenos de sueños, ilusiones intangibles y sombras negras.

ESTA HISTORIA, COMO TODAS, DURARÁ HASTA QUE TE ABANDONE

Hay quien no puede dejar una relación hasta que lo abandonan. El barco se hunde y aun así se queda sacando el mar a cubos, intentando en balde que el navío no se sumerja en las frías aguas del olvido. El capitán ha saltado, no quedan pasajeros ni nadie de la tripulación… y ahí está, solo, heroico e inútil como si intentara enderezar el *Titanic* en su hundimiento vertical.

Te contaré un secreto… El barco, él o ella, sólo sigue ahí, medio hundido, por temor a la soledad. Si encuentra a alguien, te abandonará.

Si no ha apostado por ti es porque no está convencido, y o bien nadie le gustará o bien aparecerá alguien que le llame la atención gracias al factor «novedad» (la segunda opción es más probable). Y entonces, el barco por el que llevabas años luchando se desintegrará como si fuera parte de un sueño. De esta manera llegará el momento en que ya no podrás luchar porque no habrá ninguna posibilidad de acercarte a él, porque te habrá dejado totalmente, no como ahora, que puede que lo tengas de una forma tibia y llena de contradicciones.

Ocurra o no este terrible pronóstico, sólo te pido que no tengas miedo. **No es ninguna traición intentar impulsar tu propia vida;** al contrario, te conviertes en una persona de más valor y más digna de ser amada.

No temas fracasar. Muchas personas no prueban nada con rigor ni verdadero compromiso por miedo a descubrir que, incluso dando lo mejor de sí mismos, no consiguen los objetivos que se proponen, y para evitar esa frustración no empiezan las mejores aventuras vitales.

Es esencial que tengas ilusiones, objetivos; que tengas ganas de conseguir cosas. Los objetivos no están en el presente, sino en un futuro próximo.

Sólo tenemos el ahora. El «ahoooora», «ahooora», parece que repiten todos los gurús del mundo, todos los programas de crecimiento personal. Pero quizás olvidamos que sólo con el ahora seríamos como monos en las ramas de los árboles, sin futuro ni pasado, en un presente vacío de memoria y de ilusiones.

Tenemos que situar nuestros tres tiempos (pasado, presente y futuro) de manera equilibrada.

El pasado como fuente de experiencia de todo lo vivido. Conseguir que la esencia de todo lo pretérito, bueno y malo, se halle bien colocado en el presente.

Un presente para disfrutar de cada día y que, independientemente de la edad, contenga proyectos e ilusiones… porque tenemos presente pero, sobre todo, **enfocamos nuestra vida hacia el futuro.** Incidimos desde el presente en el futuro que queremos construir. El presente es la tierra fértil desde donde labramos el mañana.

- -

TOMA NOTA

- No tengas miedo de hacer planes, son un buen indicador de tu buena salud emocional: sin objetivos ni ilusiones, la vida es un tránsito sin una dirección clara.

- -

DETERMINA TUS PRIORIDADES VITALES Y TUS PRINCIPALES OBJETIVOS

Hoy tenemos serias dificultades para estar a solas con nosotros mismos, para acercarnos a quienes somos y a nuestras verdaderas necesidades, que son nuestras prioridades. **Quédate a solas contigo** y establece qué quieres de verdad en tu vida.

Fíjate en que no son lo mismo tus **prioridades vitales** que tus **principales objetivos.**

Prioridades vitales

Tus prioridades pueden ser tus amigos más íntimos, tu familia, tu trabajo… aquello que más valoras y que te comprometes día a día a atender, querer, cuidar y priorizar. Es tu base, tu soporte emocional, los valores más sólidos.

No tienes que hacer nada con tus prioridades, simplemente demostrar en tu vida cotidiana que lo son. Es absurdo que digas que tu prioridad son tus hijos y no les dediques apenas tiempo. En tu vida ha de haber una verdadera coherencia entre tus prioridades y tus actividades.

Bien, puedes decirme: mi prioridad es quien tú ya sabes… Entonces se trata de que adquieras prioridades nuevas para que no sea tu única prioridad vital.

Pasemos ahora a establecer tus **principales objetivos,** aquello que desees conseguir.

Todo compite por tu atención; el mundo está lleno de ruidos, de imágenes, de mensajes que a todas horas intentan arrebatarte aquello que es tu atributo exclusivo: decidir qué es lo que realmente quieres. La publicidad procura crearte siempre nuevas necesidades que lo más probable es que no sean verdaderamente tuyas:

comidas, sabores, viajes, emociones… Igual lo que en realidad deseas está en otro lugar. Párate, cítate contigo y descúbrelo.

Lista de objetivos vitales

Tu lista de objetivos principales **no puede ser ni demasiado extensa ni demasiado vaga.** Un número óptimo podría ser de uno a tres. Te recomiendo que puedas centrarte de momento en uno solo.

Se trata de establecer lo primero que necesitas y quieres para tu vida, y **que dependa de tu esfuerzo directo que se haga realidad.**

Los objetivos vitales que establezcas se encontrarán en alguno de los siguientes campos:

- **Laborales:** conseguir un empleo, aprobar unas oposiciones, lograr un contrato fijo, obtener un aumento de sueldo, lograr un trabajo más gratificante, dedicarte a lo que verdaderamente quieres, trabajar al aire libre o en equipo…
- **Creativos:** todo aquello que siempre has tenido ganas de llevar a cabo, en el ámbito artístico, y nunca te has dado la posibilidad de hacer. Ahora es el momento.
- **Formativas:** acabar unos estudios, conseguir una titulación, apuntarte a talleres creativos.
- **Culturales:** leer más, asistir a más espectáculos, adentrarte en la historia de la literatura, de la música, del arte, de la cultura popular, de las nuevas manifestaciones artísticas, de la ciencia…
- **Espirituales:** mejorar éticamente, en el ámbito espiritual, personalmente…
- **Afectivas:** conseguir una mejor y más estrecha relación con los amigos, con la familia…
- **Físicas:** lograr una mejor forma física, dejar de fumar, adelgazar…

Ejercicio: establece tus principales objetivos vitales

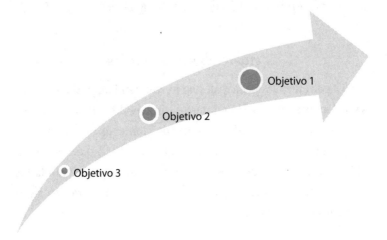

Establece un **horario de actividades semanal** en el que tengas verdaderamente una vida con sentido.

- Con tiempo para comer bien
- Para hacer deporte
- Para estar con los tuyos
- Para la cultura (una buena película, un buen libro)
- Para estar contigo misma
- Para hacer una actividad creativa o cultivar una afición
- Donde estén también presentes la solidaridad, las personas que te importen...

Para planificarse correctamente, es necesario que seas realista y al mismo tiempo exigente. **Ahora es un buen momento para crearte un calendario semanal que sea un fiel reflejo tanto de tus prioridades vitales como de tus principales objetivos.**

Para que no sea algo vago, intenta también elaborar un calendario de objetivos, por ejemplo:

- Perder 2 kilos al mes.
- Lograr hacer 20 piscinas 3 veces por semana en un par de meses.
- Hacer una hora de deporte tres veces por semana dentro de un mes.
- Leer dos libros al mes.
- Aprobar 3 asignaturas cada cuatrimestre.

Parece una obviedad, pero para lograr éxitos es necesario **no conformarse con hacer algo que está por debajo de las propias posibilidades ni hacer más de lo que uno es capaz de hacer.**

Tu horario y calendario de objetivos no deben servirte para ir más estresada o cansada, sino para llenar de sentido tu propia vida. **Gestiona tu tiempo para llevar la vida que quieres llevar y para lograr incorporar los objetivos vitales a los que aspires.**

- -
EL PELIGRO DE LA AUTODESCONEXIÓN

Tener objetivos tuyos, personales, significa dotar tu vida de un mayor equilibrio. Por tanto, es esencial que te identifiques con ellos. Que formen parte de ti, de tu identidad, de tu vida. Alguien puede amarte o no, pero, como eso no depende de ti, no puedes convertirlo en algo imprescindible ni motivo del fracaso de tu vida. En cambio, tus objetivos parten de lo más profundo de ti, te configuran y son un espejo de tu persona. Además, sólo depende de tu voluntad el hacerlos realidad.

Si no respetas y priorizas los objetivos que has establecido **te alejarás de ti misma.** Perderás la pista de lo que eres: una persona individual y completa.

Nos escuchamos poco y nos escuchamos mal. Nos obligamos a hacer cosas que no se corresponden con nuestra forma de ser, ahogamos nuestros anhelos más genuinos, renunciamos a lo que más nos importa, nos esforzamos en aquello que no significa apenas nada… y todo ello se traduce en una densa desorientación vital.

Por ello es tan importante tener objetivos vitales, respetarlos y actuar en consecuencia.

Si eres coherente, respetas lo que quieres y traduces en acciones tus deseos, entonces tu orientación vital, tu brújula interna, será cada vez más clara y orientadora.

Por el contrario, si lo que realmente anhelas aprendes a ahogártelo sistemáticamente, dejarás de necesitar apenas nada.

Éste es el principal peligro del mal amor, que te aleja tanto de ti que tienes que empezar por reconocer quien eres y lo que deseas en tu vida.

Deseamos algo y llevamos a cabo los pasos necesarios para llegar a aquello a lo cual aspiramos. A veces nuestro deseo choca contra lo que nos conviene y, tarde o temprano, cuando agotemos este camino, tendremos que renunciar a él. Así, nuestros deseos conviven con otras facultades y se realizan siempre que sean posibles y, finalmente, nos convengan. (Recuerda la fábula de una cabeza enamorada de un corazón).

En cambio, hay quien practica una cruel autodominación negándose a sí mismo incluso lo mejor de la vida, como si tuviese que demostrarse hasta qué punto es férrea su voluntad, una voluntad tan implacable que acaba por matar el propio deseo, el cual constituye uno de los atributos más fundamentales de una vida con sentido.

Otros sólo hacen lo que desean y menos les conviene y renuncian a aspectos esenciales y beneficiosos de su vida. Esclavos de sus deseos y profundamente desnutridos de lo esencial, vagan famélicos sin descanso ni hogar. Este podría ser el esquema de los protagonistas de un mal amor: uno se ama tan mal que no quiere darse, y el otro se ama tan poco que prefiere entregarse a alguien en lugar de quedarse consigo mismo.

Sin una correcta modulación del deseo, la desorientación, la desconexión personal, el relativismo total —todo da igual o es igual a todo—, acaban por ser inevitables.

Por todo ello, establecer prioridades, determinar tus objetivos, identificarlos con la propia identidad y llevarlos a cabo hace realidad la eterna prescripción del Oráculo de Delfos: conócete a ti misma. Y sólo te puedes conocer descubriendo hasta dónde eres capaz de llegar.

Si no respetas tus prioridades y objetivos vitales te sentirás mal, te desconectarás, te sentirás frustrada y tu autoestima bajará. Te juegas demasiado en no respetarlos, te juegas ni más ni menos que el respeto que te tienes y la satisfacción que obtienes de tu vida.

Si el otro no está y tú misma te has ido: ¿quién te quedará? No puedes abandonarte, te lo debes porque tienes algo maravilloso: una vida por delante.

Antes de pasar a la primera fase de este programa, vamos a tratar otros temas previos y fundamentales como son el contacto con él o la necesidad de que hagas, preceptivamente, deporte.

ESTABLECE UN CONTACTO MÍNIMO IRRENUNCIABLE SI TE ES NECESARIO

Si tienes contacto con esa persona, establece tu mínimo irrenunciable; por ejemplo, llámalo cada noche, envíale un mensaje cada día o cada semana escríbele un mail. Lo que consideres necesario para ti. Y, a cambio, prométete olvidarte de él o de ella el resto del tiempo.

Actúa como si constantemente recordaras quién eres, qué quieres (que es, como mínimo, si no puedes deshacerte de alguien, no convertirlo en el centro de tu vida) y en lo que estás trabajando (tus objetivos vitales).

Imagínate una persona que realmente quiere y desea priorizar su vida, pero, en cambio, se condena a sí misma a permanecer continuamente pendiente de alguien, acudiendo a sus llamadas, sufriendo sutiles —y no tan sutiles— muestras de desapego, sin desengancharse jamás de una relación que ocupa el cien por cien de su vida a cambio de tan poco… Es una vida tan contradictoria y tan absurda que la única manera de no sufrir es autoengañarse: «Lo sigo viendo pero ya no me importa, tengo asumido que me quiere así». Si trabajas activamente en tu propia vida, llegará un momento en que no soportarás que nadie te trate por debajo de cómo tú eres capaz de tratarte a ti misma. Sólo debes conseguir quererte una décima parte de lo que has llegado a querer a los demás. Te aseguro que el resultado aparecerá más tarde, cuando lleves un tiempo trabajando en tus intereses y objetivos, comiences a sentirte orgullosa de ti misma y, de manera natural y tranquila, empieces a considerar según qué cosas simplemente inadmisibles.

Ten cuidado con el doble discurso, es decir, con creerte que no te importa para poder seguir con la relación. Sufres con el añadido de engañarte, de no poder reconocértelo ni reconocerlo a los demás (¡ni a él!); en otras palabras, te sometes a un estado de sumisión muy sofisticado en el que no puedes ni siquiera expresar tu descontento. Es mejor decir: «Siento que me muero sin ti, prefiero esto a nada porque estoy realmente enamorada». Ya que de este modo por lo menos partes de la verdad que te define: que estás intentado gestionar una relación profundamente deficiente en la que te hace infeliz vivirla y te hace muy infeliz dejarla.

Cernuda dice: te quiero, y quiero decírtelo con el olvido. Sólo cuando amas de verdad a alguien necesitas imperiosamente el olvido, sólo un amor tibio es compatible con una vivencia pequeña y modesta de amar.

¿QUÉ HARÁ CUANDO TE CENTRES EN TI?

Cuando contacte contigo, acostumbrado como está a que te desvivas por él, es posible que reaccione de manera conflictiva. Por ejemplo, intentando aclarar por qué te muestras distante y culpabilizándote, pero si cometes el error, una vez más, de explicarte, de discutir... **continuaréis estando juntos en una discusión interminable;** habrás encontrado otra forma perversa de seguir con él, en un tira y afloja de acusaciones, discusiones y desavenencias. También es típico del mal amor confundir la pasión con el más puro disparate y además, **nadie puede tener el proyecto común de separarse.**

Olvídate de discutir y aclarar nada, tu principal objetivo es recolocarte en el centro de tu vida. Pero debes entender que es posible que reaccione a tu cambio de actitud de muchas maneras distintas: acusándote de que te niegas a comprenderlo y te apartas (que no eres alguien de quien se pueda fiar, que eres de extremos porque le das todo o nada), incluso puede hacer todos los esfuerzos a su alcance para volver a colocarse en el centro de tu vida... Pero debes tener en cuenta que un narcisista zombi busca su comodidad y suministros, no luchará durante mucho tiempo por ti. Un narcisista siente que se empobrece cuando ama, que le reclaman capacidades que no tiene; no quiere esforzarse; sólo desea abastecerse de ti y establecer una relación de superioridad. Le será más fácil encontrar otra víctima: los mosquitos siempre prefieren que estés dormida a verte con un arsenal de matamoscas y repelentes en espray.

Te lo advierto: potenciando tu vida puedes perderlo. Pero ¿qué estarás perdiendo en realidad? **Sólo perderás la posibilidad de seguir estando mal e insatisfecha. Alguien así es incapaz de ofrecerte una buena relación de correspondencia.**

Míralo de otra forma: le estás dando una verdadera oportunidad; le invitas al mejor amor posible, le estás diciendo: «voy a trabajar para mejorar; si tú también trabajas para mejorar podremos, juntos, tener un amor mejor».

Aun así, no puedes ocuparte de su responsabilidad vital. Es absolutamente necesario que dejes de concentrarte en su vida (en cómo debe mejorarla o controlando sus movimientos completamente celosa). Tú ya tienes un gran problema: la tendencia a entregar tu vida a alguien. Tienes un gran trabajo porque tienes mucho por vivir y por amarte. Al margen de tus prioridades vitales y de tus principales objetivos personales, hay algo más que debes incluir en tu vida y que no es opcional… Es el deporte.

EL DEPORTE, EL MEJOR ANIMADOR DEL MUNDO

No voy a explicarte la importancia del ejercicio para tu salud, pero sí quiero recordarte que es una gran ayuda psicológica para gestionar el estrés, lo cual es básico para que tengas la serenidad y el equilibrio necesarios para centrarte en lograr tus objetivos vitales. Es imprescindible no sólo porque te mantienes en forma, sino porque te ayuda a gestionar tu ansiedad y tu tristeza Por tanto, el ejercicio no es opcional para ti; es una válvula de escape esencial para que tengas éxito en este programa.

El ejercicio físico es un potente antidepresivo: reduce la ansiedad, así como la tensión muscular y el ritmo cardíaco, y desciende el nivel de hormonas relacionadas con el estrés.

El ejercicio mejora la autoestima, la sensación de control, la confianza y el funcionamiento mental.

Es importante que intentes divertirte; busca una actividad por la que te sientas atraída, como practicar baile, esgrima, un arte marcial, un juego de equipo, tenis, excursiones... Es muy difícil hacer regularmente algo que no se soporta.

El ejercicio distrae de las situaciones estresantes. Genera endorfinas: la forma más sana de obtener un estado de bienestar personal y anímico que dura diariamente varias horas.

Incrementa el rendimiento intelectual, la energía, la estabilidad emocional; mejora la memoria, el estado de ánimo. Disminuye el enfado, la ansiedad, los dolores físicos y la tensión.

Y con esta base, tener claras tus prioridades vitales, establecer tus objetivos principales e incorporar —si es que no lo habías incorporado antes— el deporte, vamos a empezar con la primera parte de este programa.

- - - - - - - - - - - - - - - - -

A PARTIR DE AQUÍ

A partir de aquí necesito un nuevo compromiso vital de tu parte. En esta ocasión, que te halles en la siguiente situación para que podamos seguir avanzando:

- Con objetivos vitales y prioridades vitales establecidos
- Con un horario semanal y un calendario de objetivos
- Con la incorporación de actividad física a tu agenda semanal

1. Conseguir tus objetivos vitales

En este momento del programa tienes muy claros unos objetivos que has establecido y que pueden ser de muchos tipos, desde hacer un máster a perder peso o estudiar la historia de la música moderna. Sólo deben ser objetivos que dependan de ti y que te haga ilusión alcanzar.

Es importante conocer y dominar las habilidades, técnicas y pautas —como una gestión óptima del tiempo, que ya hemos tratado— para obtener éxito en lo que te propongas. Una vida que consigue lo que quiere es una vida indudablemente más satisfactoria.

Así que en esta sección encontrarás una serie de buenos hábitos para mejorar las estrategias que te permitirán tener más éxito en todo lo que te propongas.

Te presento algunas habilidades, técnicas y formas de proceder que son esenciales y típicas en la forma de actuar de las personas que consiguen lo que desean. Y lo que tú quieres es tanto obtener tus principales objetivos vitales como no situar la relación que te daña como el factor más importante de tu vida.

Adquirir hábitos

Recuerda el dicho zen que un viaje de diez mil kilómetros empieza con un solo paso. Te propongo una fórmula increíble, la que propone Aristóteles: realiza actos de la misma naturaleza y repite, repite y repite estos actos hasta que se conviertan en hábitos y los hábitos configuren tu carácter.

Insiste en hacer una y otra vez lo que quieras lograr, un paso cada día en la buena dirección consigue que no haya metas imposibles ni demasiado lejanas.

Mercedes sufre una verdadera compulsión con los mensajes del móvil. Después de cortar con su novio, Juan, y estar varios meses sin ningún contacto, ahora están intentando ser amigos, tener una relación cordial, y por ello se han vuelto a encontrar para tomar algún café y han vuelto a mandarse SMS. Mercedes nota que está entrando en una fase peligrosa, de cierto coqueteo y de volver a estar pendiente del móvil: hay días en que se mandan más de quince SMS y no le gusta nada verse a sí misma con el móvil al lado todo el rato, comprobando si hay mensajes. Viviendo su vida a medias, mirando de reojo si hay alguna indicación en la pantalla. Por ello ha decidido no escribirle más mensajes; en todo caso, si durante el día él le manda alguno, ella sabrá esperar hasta la noche para contestarle con un único mensaje. El primer día es duro; además, él no le escribe y esto aumenta su compulsión. Es el primer día de no realizar un acto de una determinada naturaleza: no escribir SMS. Los días siguientes se está dedicando a repetir este mismo acto, no escribir SMS, hasta que se convierta en un hábito. Necesita algunas semanas pero, finalmente, Mercedes logra ser de nuevo una mujer no pendiente del móvil. De todos modos, es una mujer bastante madura y equilibrada para saber que una relación no se decidirá por mensajitos, y si hay algo que vivir o que decirse se citarán y hablarán de los asuntos que sean necesarios. Mercedes está convencida de que la relación ya no puede verse afectada por el hecho de estar pendiente del móvil, pero, en cambio, la calidad de su vida, el uso de un tiempo verdaderamente propio, sí se vería comprometido.

Esto con relación a limar un mal hábito; con relación a conseguir tus objetivos, significa entrenarte e insistir en aquello que debes hacer y que te acerca a tu meta final.

Practica la sinergia

La sinergia es la relación e integración de elementos que dan como resultado algo más grande que la simple suma de los mismos; en otras palabras, cuando logramos que 1 + 1 no sumen 2 sino que el resultado sea 3 o incluso 4. Pon en juego simultáneamente el máximo de cualidades, capacidades, técnicas y saberes. Cuantos más pongas funcionando a tu favor más posibilidades tendrás de llegar a ser quien de verdad deseas ser y quien, sin duda, mereces ser.

Consigue un cuaderno, repasa este libro en busca de buenas herramientas para mejorar tu vida. Intenta incluir semanalmente alguna de ellas (sólo si estás de acuerdo en su importancia y forman parte de la imagen que tienes de ti). Podrás hallar muchas de ellas en la síntesis que se ofrece al final del libro.

Los problemas complejos precisan de soluciones simultáneas. Estar atrapada en un mal amor es un problema que compromete muchas partes de tu vida presente y pasada. Problemas afectivos en la infancia, aumento de la autoestima a través de caminos erróneos (véase capítulo «La autoestima pivotante»), confundir la falta de empatía y de nobleza con fuerza interior, la letal relación que se establece entre alguien profundamente manipulador (y, por tanto, psicológicamente maltratador) y alguien profundamente responsable y que se esfuerza por que el amor prospere, la falta de interés por una misma, el delegarse, el priorizar a los demás, la falta de vocaciones y pasiones personales, las certezas que no se cuestionan sobre el amor y sobre una misma, la adicción a enamorarse…Por tanto, este libro intenta ofrecerte estrategias desde todos los frentes que tienes abiertos.

Las personas que consiguen lo que quieren ponen los máximos elementos a trabajar a su favor. Por ejemplo, si su principal interés es perder peso, pondrán en solfa simultáneamente una dieta, ejercicio físico; tratarán aspectos internos en el caso de ser una comedora emocional, etc.

Gestiona tu tiempo

Establece un horario de actividades semanal en el que tengas verdaderamente una vida con sentido y sé realista en el uso de tu tiempo. Éste es un aspecto que ya hemos trabajado antes: haciéndote un horario general y estableciendo objetivos a corto, medio y largo plazo. Ahora puedes incorporar nuevas técnicas de gestión de tiempo, como tener una buena agenda o evitar las interrupciones (concentrar las llamadas en una hora específica y no atender el teléfono siempre que suena). Es importante que tengas la sensación de una vida con profundidad y bien orientada, y que no sientas que vas de un lado a otro consiguiendo sólo acabar agotada al final del día.

Aprende a regular tus impulsos

Significa no actuar de manera reactiva, automática, y saber crear un espacio entre donde estás y el acto compulsivo.

El impulso es intenso pero dura poco. Introduce un intervalo de tiempo, un cambio de actividad... y lograrás vencerlo. En el arte de controlar tus impulsos lograrás la verdadera libertad. Podrás hacer valer tu derecho a tener una mejor vida si eres capaz de cambiar tus hábitos y practicar, sin ningún problema, renuncias pequeñas e insignificantes comparadas con los objetivos mayores que vas a lograr.

La libertad es un derecho que se conquista teniendo tolerancia a la frustración y resistencia al esfuerzo. Piensa por ejemplo en cómo se puede ejercer la libertad de llevar a cabo el deseo de tocar el violín.

Recuerda que la verdadera libertad no consiste en actuar por impulsos sino por tus prioridades (largamente meditadas y decididas).

El deseo no tiene por qué ser malo, es un gran activador de la vida, pero no es suficientemente profundo y estable para sostener tu día a día. El deseo es como el viento y puede ser absolutamente peligroso si te arrastra a un precipicio.

Con el tiempo, con el compromiso vital suficiente puedes hallar nuevas formas de interés y motivación. Llegamos a identificarnos tanto con nuestras elecciones vitales que al final las cambiamos por deseos que no nos convienen. Paradójicamente, lo más deseado pasa a ser lo más agotador. La mayor estabilidad y serenidad vital se consiguen cuando aquello que más deseamos es lo que más nos conviene. Aquí se acaba el individuo escindido, el que lucha entre la pasión amorosa (léase amor del inicio) y la estabilidad, entre el deseo de fumar y la necesidad de conservar la salud. Porque el deseo es fantástico, pero no hay deseo mejor que aquel que nos impulsa a lo que más necesitamos y nos merecemos.

– – – EJERCICIO – – –

Sincroniza el deseo con tus verdaderos intereses. Motívate hacia aquello que realmente quieres y te conviene.

Haz, simplemente, lo que te toca

Con un buen horario semanal, teniendo claro lo que debes hacer, es infinitamente más fácil vivir haciendo lo que toca que los deberes impuestos por un poder ajeno a ti, pues es lo que has establecido como lo mejor y lo más óptimo.

Imagínate que tú, libremente, has decidido ir al gimnasio los lunes, miércoles y viernes, pero, en lugar de cumplirlo, empiezas a complicarte la vida de mala manera: llega el lunes, te da pereza, buscas excusas, no vas, te sientes mal por no haber ido, decides que la semana que viene no faltarás y vas creado esta situación tan pesada, tan estéril, complicada y absurda que no te vale la pena insistir en ella porque la conoces de sobra. Seguro que ya has experimentado lo que significa no llevar a cabo la decisión que en el fondo quieres tomar y has tomado. Autoboicoteándote sólo conviertes tu vida en un conflicto pesado, que provoca que tu historia y tu triunfo personal nunca empiecen de verdad.

¿No te resulta agotador sólo el pensarlo? Es una vida muy liosa, contradictoria, vacilante y poco productiva.

¿No te resulta mucho más fácil, directo y claro acudir al gimnasio y dedicar tus energías a cosas más interesantes que este interminable juego del «quiero y no puedo»?

Por eso, la próxima vez que dudes entre ir o no al gimnasio, limítate a decirte: «Uy, no, es infinitamente más fácil y se vive mucho mejor haciendo lo que toca».

Hacer simplemente lo que te toca al principio te costará mucho, tus deseos están acostumbrados a vencerte y se han convertido en gigantes tiránicos, pero, a medida que no obtengan la respuesta a la que están acostumbrados, se irán debilitando y cada vez te será más fácil no tener tentaciones y que tu camino hacia tu objetivo sea fácil, radiante y directo.

Aun así, ten cuidado con las leyes del deseo:

Si siempre logras lo que quieres (pero que no te conviene), al final te sientes profundamente insatisfecha. Imagínate alguien con problemas de peso, de tabaquismo, de una vida emocional caótica… Es una vida profundamente insatisfecha a pesar de consentírselo todo.

Si te ciñes a un programa, entonces el deseo se convierte en satisfacción, en una especie de íntimo orgullo de cómo eres. Dominar la compulsión se convierte en una íntima satisfacción porque has aprendido a no permitir que un simple impulso te aleje de las metas que verdaderamente te definen.

Pero ¡cuidado! Si ni cedes ni te ciñes siempre, entonces estás aplicando el estímulo intermitente de Pavlov. Es decir: el niño llora y unas veces lo logra y otras no; entonces, llorará más que nunca. Es la duda, el misterio, lo que verdaderamente incendia el deseo. Si logras autosometerte viviendo un «Pavlov» estarás luchando por exterminar el deseo más retumbante. Te estás poniendo las cosas al máximo de difíciles.

El ejemplo en la relación es claro: si de vez en cuando cedes y combinas un «sí» con un «no» y un «tal vez», tú misma te estás poniendo las cosas en el punto más difícil. Es como si dejaras de fumar y fueras pidiendo caladas de tabaco a todo el mundo.

Tampoco puedes practicar un ascetismo tan radical que sólo puede funcionar exterminando el deseo, o tener un deseo tan hiperestimulado que sólo lo más extremo te permita sentir algo.

Establécete unas normas claras; si las sigues, te darán seguridad, tranquilidad, orden.

Si no lo haces, unas veces cedes y otras no; estás alimentando la peor compulsión de todas, la que surge del estímulo intermitente. Tus deseos saben que a veces cedes, y por tanto van a luchar al máximo cada vez que tengan ocasión.

Una buena fórmula es redirigir el deseo:

- No concederse pasteles, pero regalarse libros
- Alejarse de una relación afectiva claramente deficiente, pero disfrutar y salir con amigos

Es decir, propiciar y estimular el deseo de aquello que es positivo, tener disciplina y saber erradicarlo de aquello que es negativo. Tu objetivo es ser alguien con deseos, pero a la vez que sepa comprometerse con aquello que más le conviene.

− − − *EJERCICIO* − − −

Con el fin de conseguir lo que quieres debes dominar tus impulsos. La compulsión es intensa pero de corta duración; si sabes desviar tu atención, abrir un paréntesis, contar hasta diez, dedicarte a otra cosa… ya la has vencido.

Comprométete de verdad con tus prioridades y objetivos vitales

Recuerda un secreto esencial que proviene de uno de los escritores, intelectuales y sabios más importantes de nuestra cultura, Goethe: si de verdad te comprometes, todo lo que te rodea se convertirá en cómplice para que lo consigas.

Las personas que consiguen lo que quieren tienen un compromiso profundo con sus principales objetivos vitales.

Sabes muy bien lo que es comprometerte, has sabido comprometerte en el amor. Siempre disponías de tiempo, recursos, pasión, dedicación y energías para él; la misma implicación te pido en tu propia vida. Te garantizo que un compromiso parecido pero reorientado hacia ti hará que puedas lograr todo lo que te propongas.

Evita lastres como la culpa, la autoflagelación y el reproche

La alegría, la ilusión, la esperanza, el optimismo… son básicos tanto para tu bienestar físico y psíquico como para enfrentarte a las dificultades y superarlas.

Ser optimista no significa rehuir o negar los problemas; al contrario, permite que los afrontes con más garantías de éxito.

Busca la belleza de las cosas, la parte positiva de cada situación y persona

De lo que piensas y de lo que hables se nutrirá tu mundo: si piensas y hablas sin cesar de tus problemas en el trabajo, tu vida se reducirá a las horas que trabajas y a las horas que te pasas pensando y criticando tu trabajo. No des vueltas sin fin a la relación, no la conviertas en el centro de tu vida incluso cuando ya no está contigo.

Acepta el reproche justo, no busques excusas, asume tu responsabilidad, observa tus errores para corregirlos pero tampoco seas demasiado rigurosa: permítete equivocarte, nadie es infalible. Es decir, sé justa contigo; no seas indulgente ni te lo reproches todo. Encárate con la realidad con los ojos bien abiertos y desde tu madurez personal.

No culpes a elementos externos cada vez que no logres cumplir tus objetivos: son sólo de tu responsabilidad.

En definitiva, adopta la decisión correcta: luchar por aquello que te has propuesto, sin dejar de evaluar todo el proceso y detectar y corregir tus errores en la medida que los vayas descubriendo.

La autoflagelación es un verdadero obstáculo para tu cambio de vida, así que a partir de ahora no tienes tiempo para compadecerte. Es más, es un camino que no tiene fin: nunca se siente suficiente pena por una misma y, por lo que concierne a los demás, al principio pueden comprenderte, pero la gente acostumbra a cansarse de las personas que tienen los mismos problemas y que en realidad no hacen nada para solucionarlos.

Es fácil autocompadecerte: «¡Lo quería tanto!, ¡lo he perdido todo!». Puedes escribir libros de poemas y canciones con este mismo tema, aunque el mundo ya está repleto de ellos; es el discurso del «sin ti no soy nada», bajo el que puedes tratarte como el ser más desgraciado de la tierra.

Sin embargo, yo creo que ya no tienes tiempo para tanto reproche, autoflagelación ni culpas: si te has equivocado, si ahora estás en una situación de desventaja, simplemente, sabes que has empezado a poner remedio a tu situación.

– – – *EJERCICIO* – – –

Ubica tu mente y tu corazón en tu situación actual, trátate con comprensión y olvídate de lo que pudo haber sido y no fue, eso sólo sirve para el fútil juego de la tortura. No te conviertas en tu propia enemiga.

Para conseguir tus objetivos debes evitar fugas de recursos y energías en la autocompasión, el reproche, la culpa.

Imagínate que eres la protagonista de Titanic, *la famosa película dirigida por James Cameron. Rose Dewitt (Kate Winslet) vive una apasionada historia de amor con Jack Dawson (Leonardo DiCaprio), pero la catástrofe lo ahoga en las heladas aguas del Atlántico (vaya por Dios) y, aun así, ¿qué es lo que vemos en las últimas escenas? Fotos de Rose Dewitt esquiando, montando a caballo, viajando... pasándoselo pipa. No la ves llorando y vistiendo de negro, ¿verdad? No dice nada parecido a «llevó una vida de pena y desolación durante las décadas que siguió viva». Añade otras fotos en las que aparezcas tú haciendo lo que harías en su lugar: sonriendo en el teatro, con cara de satisfacción mientras lees un libro, riendo con tus amigas, yendo a la oficina a trabajar con actitud resuelta y optimista. Si Rose prosiguió con su vida —y no con cualquier vida, sino con la mejor vida posible— después de la trágica muerte de su gran amor, ¿cómo no vas a poder tú, si te ha engañado con otra, te ha dejado, traicionado o es incapaz de comprometerse lo más mínimo?*

Evita actitudes extremistas de todo o nada

Puede parecer contradictorio que un paso sea comprometerte con tu vida, tomártela en serio, y otro consista en no ser extremista.

En esto consiste el equilibrio, la madurez, la sabiduría. El juego entre extremos para llegar al punto medio más efectivo.

Imagínate que estás creando un material muy resistente, durísimo, pero que se rompe por completo si recibe un impacto fuerte. Te interesará más lograr un equilibrio entre dureza y flexibilidad para conseguir la máxima resistencia.

El arte de vivir es así: modular hasta hallar el punto de máxima efectividad.

En vez de pensar durante horas y horas en cómo vas a alejarte de él, piensa en todo aquello que puedes hacer, pensar, sentir... Es muy diferente empezar el relato de tu día diciendo. «Mañana me levantaré y, si me llama, haré esto; yo por mi parte no lo llamaré, o como mucho por la noche...» a empezarlo diciendo: «mañana por la mañana iré a nadar un rato, después desayunaré con tal, me gustaría mucho ir al cine a ver tal película, llamaré a mis amigos a ver si se apuntan...».

Es importante aceptar el reproche justo, la autocrítica positiva. Ofrécete la posibilidad de ser cada vez más responsable y de aprender de tus errores. Pero a partir de este punto, rechaza todo lo que podría ser un obstáculo en tu camino, dilatar e insistir en culparte, en reprochártelo todo. No importa la desventaja que tengas; has empezado a caminar en la dirección correcta, tarde o temprano alcanzarás tu meta.

Las personas que logran lo que quieren establecen un método óptimo que se halla entre la máxima efectividad insostenible y una aparente mejora simbólica que no se traduce en nada. ¿Cuántas veces has oído las verdades de Perogrullo que aconsejan que todo fluya o que ya encontrarás tu momento? Es una forma *new age* muy poco enriquecedora de no exigirte nada en aras de una sublime autenticidad. No fluyas tanto y esfuérzate más en ser quien eres y en hacer lo que debes.

Tus objetivos son asumibles porque dependen de ti, tienes un margen de libertad pero también unas normas claras y unos pasos concretos que dar.

Concediéndotelo todo no aprendes a vivir realmente y es fácil llegar a convertirse en alguien neurótico y autorreferencial. Con excesiva autoridad uno se vuelve poco motivado y rígido. Es una tarea necesaria y delicada combinar la autodisciplina con la propia permisividad.

He insistido en que te comprometas con tu vida con una seriedad y un rigor con el que quizás nunca lo hayas hecho antes. Ésta es un arma muy poderosa: tu total compromiso en este proyecto, pero con la suficiente flexibilidad para obtener la máxima efectividad.

Concédete el derecho a la imperfección: no razones en términos de todo o nada, sino de camino claro y directo del que algunas veces puedes desviarte pero que rápidamente volverás a retomar.

Piensa que un error, aunque sea un motivo de descontento inmediato, también es una buena oportunidad de aprender, de saber más cosas acerca de ti, de cuáles son las circunstancias personales y ambientales que fomentan que te equivoques. Es una ocasión para extraer una lección, para proyectarte de una manera diferente en el futuro.

Y a partir de aquí, lo hecho hecho está, así que lo mejor es centrarse en lo siguiente que vas a mejorar cuando te halles en la misma situación, una actitud infinitamente mejor y más positiva que, por falta de confianza, pensamientos negativos y excesiva dureza, tirar la toalla.

Cambia de estrategia

Si has probado algo una y otra vez y no funciona, debes saber cuándo es necesario probar otra estrategia. Es absurdo ser fiel a un método que ha demostrado en demasiadas ocasiones que no funciona. Prueba algo nuevo, atrévete.

Las personas que logran lo que quieren no insisten una y otra vez en sistemas que se han declarado a todas luces inútiles.

Pero para saber si un método funciona realmente, debes aplicarlo con cierto rigor durante el tiempo preciso.

María lleva años jugando a un juego muy peligroso y muy poco edificante. Tuvo una relación con Gerardo durante cinco años, estuvieron a punto de comprarse un piso y de casarse. A pesar de ello, rompieron y cada uno de ellos tiene nuevas parejas. Muchos años después siguen siendo amigos y continúan viviendo una fuerte atracción que hace que periódicamente se acuesten. Para Gerardo eso no es ningún problema, tener amantes forma parte de su forma de vivir y lo compagina a la perfección con una pareja aparentemente feliz. María, por su parte, sueña que algún día Gerardo le diga que es el amor de su vida, que no ha podido olvidarla; imagina que ambos se divorcian de sus respectivas parejas y empiezan una vida juntos. María sufre cada vez que constata que Gerardo no apuesta por ella, se jura a sí misma que vivirá esta relación sólo como amistad y sexo ocasional, pero no puede evitar reenamorarse cada vez que hay contacto físico. María necesita cambiar de estrategia: entender que es mejor ser sólo amigos y que, a pesar de que su vida deje de tener esta emoción romántica, es responsabilidad suya construirse una con mayor sentido. Si continúa así, María sólo envejecerá junto a una falsa ilusión.

‒ ‒ ‒ *EJERCICIO* ‒ ‒ ‒

Piensa si hay algo que siempre te sale mal y utilizas una y otra vez la misma estrategia.

Encuentra tu propio ritmo

Un ritmo personal, que te permita avanzar y a la vez sentirte lo suficientemente cómoda como para llevarlo a cabo el tiempo necesario.

Carmina se creó un horario extenuante para dejar de pensar en Pilar, se robotizó, convirtió su vida en una especie de mili trepidante. Cuando Pilar se puso en contacto con ella, se precipitó a un encuentro como quien que acude a unas vacaciones de urgencia por culpa de un trabajo extenuante.

El horario de Miguel era verdaderamente simbólico, no se exigía apenas nada y sus objetivos eran muy poco concretos. Su vida era poco interesante, constructiva y se aburría. Cuando Laura lo contactaba perdía el mundo de vista.

Natalia, en cambio, se hizo un horario que incluyera tiempo para trabajar en su principal vocación, que es pintar, para hacer deporte, y con un objetivo muy claro: dejar de fumar. El orgullo y ubicación que le aportó llevar una vida con sentido y con el ritmo necesario para avanzar pero sin extenuarse le permitieron sentirse más segura y tranquila pese a haber roto hace un año con su pareja. Actualmente, las clases de pintura, las visitas culturales a museos y el haber preparado su primera exposición en un centro cultural de su barrio hacen que se encuentre satisfecha y ubicada. Es en esta situación, precisamente, tranquila y sin prisas por encontrar pareja, cuando ha conocido a alguien y han empezado a salir. No sabe lo que le deparará el futuro con esta relación, pero sí sabe que hay cosas que no se permitirá vivir jamás, y que a los primeros signos negativos romperá la relación si es necesario. No se aferrará a ella a cualquier precio.

Aprende a vivir los cambios

Los cambios pueden ser vividos como pequeñas tragedias. Producen angustia porque incluyen la responsabilidad de volver a fallar o de no reconocerte en ellos. No es fácil partir de una separación y construirte una vida.

Por tanto: sin motivación no hay cambio, y no hay cambio sin una cierta angustia.

Sin embargo, la otra angustia —la más conocida, la vivida desde hace años y la más extremadamente frustrante— seguirá allí si no cambias de vida. No te librarás de la inquietud si permaneces estática sintiéndote infeliz por cómo inviertes tu tiempo. Una parte importante de este proceso consiste en enfrentarse a la angustia o a la falta de confianza que supone embarcarse en esta aventura personal, aunque te aseguro que, si persistes, en muy poco tiempo te sentirás cada vez mejor.

Por ello es necesario cambiar la imagen que tienes de ti misma, hacer un cambio profundo que afecte a tu identidad.

Sonia llevaba veinticinco años casada con un reconocido doctor, pero a los sesenta años el prestigioso cirujano se ha enamorado de una de sus pacientes y Sonia no tiene más remedio que dejar de ser la esposa de un famoso médico. Toda una vida juntos y, ahora que les tocaba disfrutar de todo lo que habían conseguido, él ha decidido compartirlo con otra. Así que Sonia no tiene otra opción que darse una oportunidad a pesar de que jamás llegó a imaginarse que algún día pudiera encontrarse en la situación en la que se encuentra ahora. Dos años después de este terrible suceso, ha empezado a levantar cabeza: vive con comodidad en un fantástico ático, cultiva aficiones, amigas, lecturas, viajes. De momento no sale con nadie, tampoco le preocupa porque sabe perfectamente que la felicidad no significa tener pareja. Lo más importante es que se siente renacida, en cierta manera nueva porque se ha permitido cambiar la imagen que tenía de sí misma. No sabe lo que le espera, pero está abierta a las posibilidades de su vida y del futuro. Sin duda, una situación mucho mejor que la fuerte depresión que sufrió durante el primer año de separación.

− − − *EJERCICIO* − − −

No te aferres al pasado o a una identidad concreta inamovible. Si los cambios suceden y no dependen de ti, se impone algo parecido al «adaptarse o morir».

Cambia la imagen que tienes de ti misma: en vez de ser la pareja de tal, la enamorada y feliz estando con tal, piensa en ti en otros términos: por ejemplo: como una mujer independiente y alegre, amante de la fotografía, que hará un buen curso, se comprará una buena cámara, empezará a enmarcar sus mejores fotos y el próximo verano realizará un safari fotográfico.

Motívate

Existen dos tipos de motivación: la externa y la interna. Estar motivados es una pieza clave para alcanzar los objetivos propuestos.

La motivación externa se traduce en recompensas, como por ejemplo cuando decides regalarte algo cada vez que hayas completado una parte del proceso que te acerca a tu objetivo. No hace falta que te motives externamente a través de regalos que cuesten dinero, sino que puedes por ejemplo regalarte un buen baño, o una mañana para ver el mar o tomar un café leyendo el periódico en tu plaza preferida. Puedes establecer tus propios regalos, recompensas y premios, si crees que eso te ayuda, aunque la motivación externa no es, ni mucho menos, tan importante como la motivación interna.

La motivación interna conlleva actuar como uno realmente quiere hacerlo: uno mismo es el máximo propulsor. Se vive y se es conforme a lo uno quiere ser. Es la motivación más importante, la verdaderamente sólida e imparable.

Aprende a automotivarte, desea tener éxito en esta aventura personal tan importante.

- - - *EJERCICIO* - - -

Busca y encuentra la fórmula de conseguir recompensas externas para aquello que te sientas interiormente motivada a realizar.

Practica la autoevaluación

Dedica un momento antes de acostarte a hacer balance de tu comportamiento. Es importante que incorpores la reflexión después de las acciones que llevas a cabo a diario y analices cómo puedes mejorar. O bien que periódicamente observes si te acercas a tus objetivos, si estás cumpliendo los plazos establecidos.

Isabel Allende escribió: «Cuando sientes que la mano de la muerte se posa sobre el hombro, la vida se ve iluminada de otra manera y descubres en ti misma cosas maravillosas que apenas sospechabas». La mano de la muerte puede ser tanto superar una enfermedad como romper una relación. De alguna manera algo ha muerto, algo ya es definitivamente imposible, así que a partir de aquí permítete descubrir lo que eres capaz de hacer, vivir y volver a amar, riquezas que ni siguiera sospechabas.

‒ ‒ ‒ *EJERCICIO* ‒ ‒ ‒

Revisa tus progresos a corto, medio y largo plazo para advertir si debes incrementar, modificar o continuar con la estrategia que has establecido.

Haz de cada circunstancia una oportunidad

Mira la parte agradable de cada situación, busca los puntos buenos de cada cosa, inviértelos de forma positiva en ti misma:

Un ejemplo de sobra conocido: dos personas se quedan en el paro. Uno aprovecha la oportunidad para prepararse cada día, para formarse, para buscar trabajo. Se levanta temprano y hace deporte diariamente, se cuida, tiene confianza en sí mismo, en sus posibilidades y en lo que le depara el futuro. Aprovecha todos los recursos disponibles para obtener trabajo: consulta ofertas, envía currículos, se forma.

En cambio, el otro utiliza esta circunstancia para lamentarse, sentirse derrotado y quedarse en casa viendo la televisión.

Ninguno de los dos tiene garantías de encontrar trabajo, pero: ¿quién crees tú que tiene más posibilidades de conseguirlo?

Ante cualquier dificultad, cualquier mala época que pases, hay que aprovechar la noche oscura del alma (así es como la denominó Jorge Manrique) no para destruir o autodestruirte, sino para fortalecerte, evolucionar, mejorar, madurar. Ésta es tu responsabilidad y, especialmente, tu privilegio.

Ten en cuenta también que las crisis personales nos producen inseguridad, dudas, miedos, obsesiones, irritabilidad, insomnio, desórdenes alimentarios… Lo mejor siempre es aprender a relajarse, pensar con claridad para encontrar la mejor solución y no huir de manera desesperada a través de una salida fácil.

− − − *EJERCICIO* − − −

Detecta la parte buena de cada situación que no puedas cambiar y cambia cada mala situación que te sea posible.

Utiliza una buena estrategia para la resolución de tus problemas

Cada vez que tienes un problema, tu capacidad analítica debe funcionar como un engranaje perfecto. Por tanto, tienes que empezar por reconocer que tienes un problema, definirlo correctamente y establecer una estrategia para solucionarlo.

Tienes un problema si:

- O bien te niegas a aceptar que la historia ha terminado.
- O bien te autoengañas pensando que la relación continúa y vives permanentemente una situación decadente y extenuante.
- O no das importancia a tu vida porque la única cosa que te interesa es encontrar a alguien.
- O te cuesta mucho impulsar tu vida porque sigues enamorada de quien ya no está a tu lado.

Definir el problema es enfrentarte al auténtico problema, no a situaciones ajenas a él. Tu problema no es que él haya tenido una infancia difícil. Tu problema es que no te trata como te mereces.

Y formular cuidadosamente la resolución del problema significa tanto la planificación como la asignación de recursos, juntamente con medios de control y evaluación; pero no dirigidos a él, sino hacia ti.

Julia tiene una expareja con muchos problemas psíquicos, Laura. Actualmente Laura sufre una depresión y Julia se está desviviendo por ayudarla. Casi sin darse cuenta, ha empezado a hacer todas las funciones imaginables: duerme con ella, le cocina, le limpia, toma decisiones, gestiona su vida. Pero no puede atribuir a Laura ninguna obligación de pareja: están separadas, no tienen relaciones sexuales y ni siquiera conversaciones que no giren en torno a la enfermedad de Laura. La cuestión de la pareja parece estar flotando entre ellas, pues en el fondo Julia la está ayudando con la esperanza de que, cuando se recupere, la elija de nuevo como compañera de vida. Sin embargo, ahora, de momento (y quién sabe hasta cuándo), Laura no está en condiciones de tomar esta decisión ni de responsabilizarse de nada. Pero el amor no es un tema de méritos ni deudas, así que Julia debe traspasar el problema a la familia de Laura; no puede ayudarla porque está enamorada de alguien que no puede darle lo que en el fondo desea —y que ni siquiera se atreve a verbalizar para no sentirse interesada—. A pesar de ser muy doloroso, debe alejarse de ella y ocuparse de su propia vida. Ser una amiga más y desculpabilizarse: no se trata de abandonar a su pareja porque ésta sufre una depresión, sino que Laura la abandonó por otra hace dos años y, como consecuencia de que la nueva relación no funcionó, cayó en una depresión. Julia ha llegado a la paradoja de convertirse a sí misma en una doble víctima: profundamente herida por su verdugo, ahora se impone curarlo. ¿Con qué objetivo? ¿Que cuando Laura se sienta mejor se enamore de nuevo de otra? Julia sólo cuenta en la vida de Laura en los malos momentos, en los momentos de crisis; para la auténtica vida Laura prefiere a otras personas. Evidentemente, al tener interiorizado que el verdadero amor consiste en asistir a quien amas cuando está mal, Laura se condena a vivir una y otra vez la misma decepción. Debe reformular su regla de amor añadiendo nuevos términos, pues un amor que no es justo, correspondido y entre personas nobles sólo es un mal amor.

Las personas que obtienen lo que quieren simplemente llegan a la meta y consiguen resultados. Para tener éxito lo que no puedes hacer es incubar tu problema indefinidamente, dando vueltas a tu capacidad analítica; si entierras la solución pensando, por muy brillantes que sean tus ideas, quedarán en nada.

Fernando lleva veinte años junto a Concepción pero ya no tienen nada en común, se ignoran por completo y es evidente que la suya es una relación de compañeros; ni se comunican ni les queda ningún motivo para seguir juntos. A pesar de que han decidido separarse, la comodidad y la pérdida de autonomía financiera hacen que no acaben de decidirse. En esta situación, Fernando ha conocido a Ana, una maestra separada y sin hijos que le propone irse a vivir juntos, pero Fernando renuncia a ello porque le dan miedo los cambios. No puede pasar de la decisión de separarse al hecho de llevarla a cabo.

Detectar el problema no es fácil, es necesario ser muy sincera con una misma. En el caso de Fernando, consistiría en decirse: «Tengo una relación horrible pero tengo miedo de separarme, así que o bien me quedo donde estoy e impulso mi vida desde este punto inamovible, o bien necesito ayuda externa, como un buen tratamiento, con el fin de armonizar mis deseos con mis miedos y encontrar una solución a esta especie de prisión que yo mismo me he creado».

Detecta todas las relaciones insatisfactorias que estés viviendo. Sea con familiares, amigos, compañeros de trabajo. ¿Qué problema real tienes con cada uno de ellos? Establece una buena estrategia para solucionar los problemas.

Para conseguir tu principal objetivo, ¿cuáles son los principales problemas a los que te enfrentas? ¿Cómo puedes superar las dificultades?

Ten ideales

Sin ideales, nos instalamos en un conformismo sin ninguna tensión entre el presente y el futuro. Es un no esperar nada o como mucho creer que las cosas, simplemente, no empeorarán por arte de magia.

− − − *EJERCICIO* − − −

Atrévete a tener ideales al margen del amor romántico. Ideales hacia tu propia persona. Ser idealista significa tener un sueño y luchar por llevarlo a cabo. El idealismo no es un conjunto de sueños irrealizables, sino hacer verdaderamente algo para que tu vida mejore.

Que entre el idealismo en tu vida significa que te atrevas a concebir mejoras en ella, que tengas una visión clara de tus posibilidades y un plan para realizarlas. Significa que no te conformes, que no abandones con facilidad lo que quieras, que tengas un horizonte donde proyectes todo lo que desees y que sepas que todo ello vale verdaderamente la pena.

El reto está en mejorar tu vida, y puedes hacerlo en dos direcciones: externamente, consiguiendo tus objetivos (que de un modo indirecto también te mejoran porque te convierten en alguien que lleva a cabo lo que quiere, es decir, en una persona con cualidades éticas como la tenacidad y la constancia); o desarrollando cualidades personales. Entramos en el campo de la ética.

2. La importancia de la ética

La ética no sólo establece lo que es mejor para los demás, sino también lo que es mejor para ti. Este libro incluye las principales virtudes éticas que deben desarrollarse para amar(te). La ética es la gran ausente de todas las propuestas actuales de bienestar, y sin ética nada funciona. La ética nos orienta, ilumina nuestras decisiones y nos permite vislumbrar nuestro verdadero valor como personas.

Está relacionada directamente con la capacidad de pensar, y de hecho es la forma suprema de pensamiento, puesto que cualquier persona que quiera conseguir el máximo para sí misma sabe que es mejor tener buenos amigos, personas en las que confiar; que se vive mejor haciendo y haciéndose a uno mismo el bien; que sólo dando lo mejor de uno mismo podemos recibir lo mejor de los demás.

Es posible adormecer la conciencia, derogar cualquier responsabilidad, eludir todo compromiso hacia los demás e incluso hacia uno mismo, pero ¿a qué precio? Conocí tiempo atrás a un abogado brillante, famoso por su falta de escrúpulos, que tenía un exitosísimo bufete. Me confesó que la vida le cansaba porque «todo era ambición». Su frase es muy significativa: poblamos nuestro mundo de lo que somos, así que, si nos convertimos en «pura ambición», nuestra vida, todo lo que nos rodea, se llenará de ella. Hay un diálogo constante entre lo que damos y lo que recibimos del mundo.

La ética convierte nuestro mundo en un lugar donde realmente sea posible el desarrollo personal bien fundamentado.

La ética es la base, el cimiento de cualquier desarrollo; es tan difícil de explicar como el amor y requiere el mismo grado de fe —¿cómo explicar el amor a alguien que jamás se ha enamorado?—; de hecho es la mejor forma de amor pues está orientada por el bien. Sólo amamos bien cuando deseamos lo mejor a quien queremos. La ética es la respuesta que ofreció aquella madre, la del famoso juicio de Salomón, que prefirió perder a su hijo que tener una mitad muerta de él.

Es evidente que alguien que ha desarrollado sus cualidades éticas, alguien que tiene incorporados en su ser el buen amor (y el buen humor), la justicia, el respeto, la consideración, la alegría… **se ha convertido a sí mismo en alguien incapaz de vivir relaciones abusivas de no correspondencia.**

Como he señalado, la ética, los valores y las cualidades se presentan a menudo como una mera lista de obligaciones, como decálogos de lo que es o no es correcto, pero es urgente que se interprete desde nuestras necesidades actuales. Se trata de redescubrir la importancia de la ética no como un esfuerzo consciente para ayudar y servir a los demás, sino como el verdadero y mejor impuso vital de uno mismo.

Muchas personas se sienten desafortunadas, perdidas y con un profundo vacío interior, y creen que la mejor solución es practicar un egoísmo más intenso: ir a más clases de yoga o comprarse más caprichos aunque sea a plazos. Pero sucede a menudo que estas tentativas de realización personal se llevan a cabo sin que haya una verdadera transformación. Continúan siendo las mismas personas, con más añadidos y alhajas, pero sin ningún auténtico cambio. Continúan soportando el día a día sin disfrutarlo de un nuevo significado y dimensión.

¿Por qué la satisfacción vital tiene una relación tan directa con la ética? Como escribió Yukio Mishima, el ser humano es el único ser que tiene la particularidad de no sentirse verdaderamente vivo si no es dando la máxima altura a sus capacidades. En efecto, vivir, sentir y comportarnos por debajo de nuestras posibilidades nos proporciona una profunda sensación de desaprovechamiento vital y nada de lo que obtengamos es comparable a quien podemos llegar a convertirnos gracias a la ética.

Parece ser que la plenitud sólo es posible a través de dos experiencias: a través de un amor correspondido (y no siempre posible) o través de llegar a ser quien se pueda llegar a ser, con independencia de quien se tenga al lado. **Siempre queda esta segunda vía, no la desaproveches; es más, es el único camino que puede conducirte al auténtico amor. Sin este aprendizaje puedes volver a vivir un amor que te someta y te descuide. Necesitas la ética no sólo para llegar a ser quien eres, sino también para llegar a amar de verdad.**

Aristocracia es una palabra de origen griego que proviene de la palabra *aristoi*, que significa «los mejores». En esta vida sólo hay dos maneras de destacar: la falsa consiste en hacerlo gracias a una familia de rancio abolengo; la auténtica, en cultivar nuestros talentos y capacidades. La aristocracia del alma es el verdadero honor al cual puede aspirar una vida humana, al margen de éxitos ficticios que sólo pueden ser vividos como tales a través del autoengaño.

La ética es una actitud activa, un comportamiento que tiene una relación directa con aumentar el **valor de nuestro ser a través de la incorporación de virtudes** como la alegría, la creatividad, la superación, la justicia o la prudencia. De algunas de estas cualidades voy a tratar de explicarte su importancia tanto en relación con tu propia vida como respecto a una relación de pareja.

Alguien con un fundamento ético es alguien ubicado vitalmente, que sabe qué hacer en cada momento, es capaz de enfrentarse a los retos vitales y salir airoso de ellos, y si fracasa encuentra en cada derrota un motivo de aprendizaje y fortalecimiento. La ética tiene las mejores respuestas, tanto en relación con nosotros mismos, como con respecto a los otros y al mundo. Para ser más precisa: la ética es la mejor respuesta, siempre.

La ética es lo que verdaderamente puede establecer el punto exacto donde un corazón debe retroceder porque sabe ser justa con ambos. Sabe que nadie tiene que someterse, sufrir injusticias, ser utilizado… la ética, bien encarnada, te hace retroceder frente a un amor si supone un yugo insensato y abusivo.

La ética es la respuesta sólida a nuestras necesidades reales en los momentos de descrédito actuales. Apunta, como no es capaz de hacerlo ninguna otra herramienta, a una vida de verdadero contenido. Nos ofrece mucho más que un falso camino de felicidad mediante el logro de tal o cual objetivo, nos señala desde nuestra libertad cómo podemos alcanzar nuestro verdadero yo, cómo debemos comportarnos para conseguir mucho más que un objetivo: hacer de nosotros mismos nuestro verdadero fin.

¿Cómo definir la ética de una manera muy simple y clara? La ética va unida al concepto de excelencia. **Entonces, simplemente, mira de tratarte de la forma más excelente posible y ofrece el mismo trato a los demás.** No te conformes con resultados deficientes pudiendo aspirar a lo mejor, tampoco permitas que los demás se resignen a una versión mediocre de ti cuando tienes capacidades de sobra para brindarles algo más.

¡Fíjate qué relación más directa tiene con el amor! Si desarrollas tus cualidades éticas, no te conformarás. La nobleza que te otorga la ética te impide según qué vivencias mediocres y humillantes, y menos aún por amor, que es lo que debería otorgar una nueva dimensión de bienestar y claridad en tu vida.

El verdadero reto que tenemos cada uno de nosotros es tomar nuestra vida corriente y convertirla en excepcional a través de la ética, en lugar de hacerlo a través de pesados deberes o moralismos rancios. Se trata de descubrir en qué dirección podemos crecer para conseguir ser quien podemos llegar a ser.

¿Y cómo aumentar nuestro valor personal? Desarrollando cualidades éticas, adquiriendo valores. ¿Quién de los dos sujetos siguientes te parece más interesante y te inspira una vida más elevada?

- Alguien valiente, prudente, sincero, generoso, constante, que no acepte ser amado si no puede amar.

- Alguien cobarde, que se miente y miente a los demás, mezquino, incapaz de llevar a cabo nada, desanimado, sin objetivos ni intereses, que tiene relaciones por interés: por placer o por compañía, que es capaz de tener a alguien a su lado enamorado incluso sabiendo que no lo ama.

Harás bien en escoger el primer caso, aunque no te brinde ninguna ocasión de salvarle la vida ni te obligue a probar hasta qué punto puede ser sacrificado tu amor; es más, ¿cómo podría amarte mal alguien como el del primer ejemplo? Y, finalmente ¿cómo, con la suficiente autoestima, el del primer ejemplo se dejaría amar mal por alguien como el del segundo caso?

Así que en este libro trabajaremos algunas cualidades éticas importantes para la vida, pero especialmente para que seas la persona más amable del mundo, es decir, la más digna de amar y ser amada.

El amor

¿Cómo sería el amor entendido como una cualidad ética?

En primer lugar, pudiera parecer que amamos «sin elegir a quién», pero ya hemos establecido una cierta duda en esta especie de voluntad libre y no influenciable.

En segundo lugar, parece que el amor nos llega como un rayo, que es el paso previo a todos los pasos posteriores. Nos encontramos amando; es el apriorístico absoluto, el sentimiento que precede a cualquier vivencia posterior.

Partamos de otra base: alguien te parece atractivo, interesante, te encanta… Entonces, **simplemente, conócelo mejor y, si es posible, ámalo.** No lo entregues todo de antemano, es muy probable que estés supeditando la verdad a tu propio deseo de amar. Mira la realidad, es posible que no tenga los atributos que le has otorgado de antemano.

Ten en cuenta que hay otra forma de amar: dedicar tiempo a algo y alguien. Es el tiempo dedicado a tu mejor amiga lo que también te ha enseñado a amarla. Si te dedicas horas y horas a escuchar Schubert, acabarás amando *La muerte y la doncella* o sus cuartetos para piano. Según dijo Saint-Exupéry, «es el tiempo que he dedicado a mi rosa lo que ha hecho de ella algo tan especial».

¿Quieres amar la cerámica? Dedícate mil horas a ella y te aseguro que acabarás amándola, porque habrás puesto mucho de ti en ella.

¿Quieres amar a alguien? Obsesiónate con él, dedícale todos tus recursos y tiempo, y te aseguro que tus sentimientos crecerán como la espuma.

Analízate tranquilamente: sabes que alimentaste tu enamoramiento. Que encontraste a alguien a quien amar y lo cebaste de recursos, tiempo, pensamientos, rememoraciones, fantasías y ensoñaciones hasta convertirlo en un monstruo de dimensiones colosales. Pero incluso los troncos más altos nacen de una semilla. Nadie empezó a invadirlo todo de ti a pesar de que la primera impresión fuera arrebatadora. **La próxima vez tienes que ir con más cuidado y alimentar el amor muy lentamente para descubrir qué forma tiene.**

Éticamente, el amor significa ser alguien digno de ser amado y no querer a nadie que no sea digno de tu amor.

Mi definición del amor es totalmente aristotélica. La filia, el amor, dice Aristóteles, es **el sentimiento que se da entre dos personas nobles que se procuran mutuamente el bien.**

Plutarco lo expresó del siguiente modo: «la única aristocracia posible y respetable es la de las personas decentes», y Jacinto Benavente consideraba la nobleza un orden espiritual. Séneca, por su parte, consideraba que el noble no es otra cosa que la persona inclinada al bien.

La nobleza es, pues, una forma de ascender en el orden espiritual, vital. Cada nacimiento es una oportunidad hacia la nobleza. Quizás nuestra principal misión sea morir siendo más personas, más nobles y humanas de lo que lo éramos en el momento de nacer.

Las personas nobles, con cualidades, dijo Aristóteles, están deseosas de favorecerse mutuamente, ya que es lo propio tanto de la nobleza como del amor. Y nos recuerda, con mucho acierto, que la mayoría de los hombres desean que se los trate bien pero rehúyen hacer el bien porque lo consideran improductivo. Sólo alguien noble, añade, sabe que no hay nada más productivo para uno mismo que hacerse y hacer el bien, que nos potenciamos y vivificamos a través de todo lo que somos capaces de hacer y amar. Quien siente que se empobrece amando no es noble.

Te ofrezco el decálogo del buen amor aristotélico, insuperable a pesar de los siglos transcurridos, que sigue siendo la mejor brújula para este amor que te acerca a la vida y no a la tristeza ni a la ausencia. Un amor sólo apto para los ricos de espíritu. Ésta es mi propia adaptación del libro clásico *Ética a Nicómaco* de Aristóteles. Y éstas serían las características de un amor noble:

1. El amor es un puente que tarde o temprano conduce al otro —el juego de espejismos inicial siempre acaba por desvanecerse— para llegar al carácter, la personalidad y el nivel de nobleza del otro.

    Sin embargo, debido a un malvado hechizo del amor, en lugar de exclamar: «¡Uf, con este carácter, personalidad, síndrome de Peter Pan e incapacidad de compromiso, no me

interesa su amor, no me interesa su presencia en mi vida!»,
sollozas diciendo: «¡Tengo que conseguir que me ame!»

Pero que te ame ¿quién? Alguien sin cualidades, una
persona que no valga la pena, aunque te correspondiera
¡no lo podrías amar! ¡Crees que te trata así porque no te
ama, y la verdad es que siempre amamos desde quienes
somos! No es su falta de amor lo que ves, sino la calidad
del material con el que ha construido su alma.

Esta primera norma también puede leerse según su reverso: si no te conviertes en alguien que valga la pena, tampoco podrás llegar al buen amor. Suele pasar que quien
ama tanto se valora poco y regala su amor; un amor, por
grande y generoso que sea, si no se acompaña de una personalidad atractiva tampoco tiene interés.

2. Sólo hay una forma de amar: querer al otro y hacerle el
   bien. Cuando amas sólo celebras que el otro exista. No in-
   terpretas el amor como una forma de utilización o de obtener placer; en este sentido, alguien rico de espíritu no tiene
   ninguna necesidad de relaciones de esta índole, porque se
   basta a sí mismo para obtener buenos ratos a través del uso
   personal de su tiempo. Una persona noble tiene siempre
   una vida interior rica y disfruta de sus ratos consigo misma.

3. Antes de amar es necesario saber amarte, disfrutar de tu
   propia compañía, de tu proyecto personal, de tu soledad,
   de tu mundo interior. Hay que ser amante de sí misma.
   Ser buena persona significa ser buena para una misma.

4. Para amar debe fortalecerse el carácter. Vivir sin la dis-
   tensión de querer unas cosas y desear otras. Alguien noble procura no ser víctima de la incontinencia, no elige lo

que sabe que no es bueno pero que parece que «no se puede evitar». Alguien noble siempre acabará por escoger lo que es mejor para sí mismo.

5. Amar es siempre una actividad intensa, tanto hacia una misma como hacia los demás. La persona noble prefiere gozar intensamente menos tiempo que gozar indiferentemente durante años, prefiere vivir noblemente un año a vivir muchos de cualquier manera, y prefiere acciones hermosas y grandes a miles de insignificantes. Es exigente con la vida, consigo misma y con los demás. No se conforma con relaciones de baja estofa. Si te dicen que eres muy exigente en el amor, que lo das todo y pides lo mismo, vas bien. Cuando encuentres alguien como tú no querrá que lo ames de ninguna otra forma.

6. Una persona noble necesita personas de su misma categoría humana, no teme depender o necesitar porque sabe que su amor está en buenas manos. Tampoco tiene miedo a la decepción. Sabe y reconoce que una persona feliz necesita amar.

7. El amor es convivencia, intercambio de palabras e ideas; es necesario un cierto orgullo en cómo es, razona y se comporta ese otro tú («otro tú» en el sentido de que coincide en la nobleza del alma).

8. Es muy difícil encontrar a alguien que se merezca un amor así, es difícil convertirse a una misma en alguien capaz de merecerse un amor como éste. Implica un trabajo interno que no cesa jamás, y por tanto es más orientador que abarcable.

Como ves, el amor es mucho más que un sentimiento fácil, espontáneo y arrebatador hacia alguien atractivo. Éste sólo es el punto de inicio ideal para el deseo y para querer conocer mejor a alguien. Posteriormente, tienes que descubrir si es digno de ti, y las estadísticas y probabilidades no juegan a tu favor.

El amor es una actividad, su importancia en el deseo

Tal como indica Aristóteles, el amor es una actividad. Uno se siente especialmente complacido si da, si otorga, si propone, si ayuda, si convence, si enamora, si conquista. En esta actividad también interviene el anhelo del cazador. Intentaré explicarlo mejor:

- Sientes que amas y este sentimiento va unido a una fuerte potencia, vitalidad y aumento de tus capacidades. Te gusta la persona en la que te conviertes cuando te enamoras, te gustas a ti misma estando junto a una determinada persona.

- Te gustas porque eres activa, creativa, generosa, inteligente e intensa. Tratas de conseguir que la persona a la que amas te conozca, te quiera, te valore, te aprecie, te escoja. Tanto trajín es incompatible con que puedas cuestionarte si realmente tal persona te gusta lo suficiente, te gusta de verdad; estás ofuscada por lo que sientes, absolutamente incentivada por una actitud cazadora activa.

- Si la persona a la que amas no tiene una actitud activa, no ama, es amada; no desea, es deseada. Su actitud pasiva no es tan interesante para sí misma; no se ve complacida por la riqueza de sus facultades que emergen ante ti, sino gestionando tus continuos embistes. Como decía Nietzsche, no querer y ser querido es como sentirse movido por las olas. El deseo, en su caso, está mitigado y también es un mal consejero, porque al ser acechado se dedica a escapar y a no vincularse.

La conclusión es que en el amor existe la nobleza pero también el deseo que aumenta mediante la propia actividad, y que en cambio disminuye si nos convertimos en un objeto pasivo. **Deseamos más si somos activos, deseamos menos si somos un objeto pasivo del deseo del otro.**

Por tanto, aplicar esta regla aristotélica no sólo te permite amar a alguien que valga la pena, sino hacer que el deseo juegue a tu favor. Tu serenidad, capacidad analítica, tranquilidad... permitirán a la otra parte una actitud activa; sentirá sus capacidades y se pondrá en contacto con su propio deseo.

– – – *EJERCICIO* – – –

Como dijo san Agustín: «Ama y haz lo que quieras», en el sentido de que la acción dirigida por un buen amor es imposible que no sea una acción ética. Por tanto: «Ámate y haz lo que quieras».

Dos personas que aman y a la vez saben amarse a sí mismas no agotan su amor. No se acaban los recursos, cada uno se convierte en alguien infinito, no dejan de sorprenderse, de fascinarse, están en continua evolución, llenos de capacidades, aprendizajes, pensamientos originales, conclusiones vitales... Cada uno puede perderse en la propia Infinitud para perderse luego en la infinitud del otro. Sólo quien no se haya hecho crecer paisajes en el alma, alguien bidimensional, necesitará dotar de falsa profundidad e interés su vida: con historias sin historia, con defensas y murallas para que nadie descubra un yo más centrado en las formas del deseo que en los verdaderos caminos de la existencia.

Aprender a quererte más y mejor, pero ¿cómo se hace eso? Amarte significa encontrar una fuente inagotable de energía en ti, de interés en ti misma. Si te amas aumentas tus capacidades de querer, de tener intereses, simpatizar, pensar, luchar por las cosas justas, liberarte de ataduras, de sinsabores irracionales, y todo ello tendrá en ti un efecto vivificador, como si fueras una fuente inagotable de estos poderes.

El amor no es una cualidad que se dirija sólo a una persona; significa también y necesariamente amar la vida, sus posibilidades. Erich Fromm escribió que el amor es la llave maestra que nos abre las puertas del crecimiento personal. Amor, claro está, a quien eres, a lo que haces, a lo que descubres, a lo que aprendes, a lo que vives y disfrutas.

Esta voracidad amorosa hacia el otro, esa dependencia afectiva tan intensa, se debe a una profunda insatisfacción vital; es sólo responsabilidad tuya poder amar sin que el otro tenga que cargar con el sentido de tu vida.

La mayor parte de la miseria de muchas vidas no se debe ni a enfermedades ni a desgracias, sino a la absurda separación de lo que hace la vida tan interesante, bella y vivificadora: el amor, la creatividad, la cultura, los proyectos personales, las ilusiones…

El verdadero problema es que cuando somos pequeños no nos enseñan lo que es fundamental: saber encontrarnos en nuestro propio tiempo, impulsar la creatividad, la imaginación, adentrarnos en la pintura, la naturaleza, la música, la danza, descubrir la ciencia como un mundo fascinante… Básicamente, nos ofrecen una vida de profundo aburrimiento, de aprendizajes técnicos y de potenciación de la memoria, sin un fundamento humanista ni perspectiva personal, basada en el consumismo, en los resultados rápidos y el esfuerzo enfocado al resultado, en mecánicos ejercicios de procedimientos. Todo esto está lejos de la verdadera satisfacción, de un tiempo vivido con intensidad y profundidad. Se endiosa un tipo de amor sensual, visual, superficial… que debe darnos sentido a la vida. Analiza por un momento la imagen del ideal de mujer en cualquier videoclip mu-

sical: una desequilibrada mental en estado de celo incontrolable. Bien, has sido víctima de un sistema, de una forma de situarte en la vida y en el mundo. Ahora es tu responsabilidad decidir ser y amar como creas que es digno del don de estar viva.

«A amar se aprende amando», dijo Iris Murdoch, y esto es tan cierto como acerca del resto de facultades, como la creación, la razón, la alegría, la ternura… Todas ellas y muchas otras crecen a medida que se utilizan.

No confundas el amor propio con el egoísmo narcisista, amar no es la necesidad desesperada de reconocimiento. Quien ama es feliz dando (porque es consciente de su potencial, actividad y riqueza, como decía Aristóteles); un egoísta narcisista sólo siente alegría cuando consigue arrebatar, satisfacer sus necesidades. Un narcisista autorreferencial encarna el chiste «hablemos de ti, ¿qué opinas tú de mí?»

Una persona noble sólo pide lo que le es necesario al propio amor: compartir, vivir, celebrar la vida juntos.

La persona noble es sabia, sabe qué puede pedir a cada sentimiento y a cada persona: no pretende obtener más de lo que el otro puede dar. Sabe con quién está: sin falsas ilusiones ni hostilidad. Por ejemplo, si ama a alguien con verdadera vocación para vivir solo, no será ésa la persona que escoja para convivir; a lo sumo, si es alguien noble y lo ama profundamente, será quien escoja para vivir un happy apart together. *La persona noble no es necesariamente convencional o conservadora, tal vez incluso al contrario, pero lo que sí sabe es distinguir perfectamente una verdadera historia de amor de una pseudorelación que no va a ninguna parte.*

¿Qué es amar? Procurar que la persona amada se desarrolle en los campos que elija y que sea feliz. ¿Qué es amarte? Lo mismo dirigido a ti.

No hay amor sin desarrollo de las facultades personales, sin responsabilidad, sin atenciones, sin conocimiento del otro. No amas a alguien si no eres capaz de verlo. Si no hay correspondencia con lo que el otro verdaderamente es, no es amor sino tu proyección personal ha-

cia un objeto animado. El amor no se fuerza, no puedes obligar a nadie a que te quiera. Pero sólo un parásito permitiría que le entregaras
todo para, más tarde, pedirte que no le exigieras nada. Para amar bien
hay que ser un ser humano feliz, cosa que muy pocos logran.

¿El secreto? Para que la vida resulte interesante, tú misma tienes
que ser interesante.

Así pues, para amar, debes tener los ojos muy abiertos, hacia ti y
hacia los demás. Se impone conocer la virtud de la prudencia.

La prudencia

Hemos visto que la ética significa hacernos a nosotros mismos
verdaderos (auténticos, con genuino respeto a nuestra forma de
ser) y que también implica la potencialización personal.

Sin embargo, no podemos cumplir nuestras posibilidades
sin conocer lo que hay, sin acercarnos al verdadero punto de partida: la realidad. Conocer algo es ser fieles a la verdad.

Pero ver la realidad, lo que es, no es en absoluto fácil. Y menos aún si estás enamorada.

Hay quien sólo se percata de sí mismo, lo que le imposibilita
ser justo —para dar a cada uno lo que le corresponde— por culpa
de su enorme poder de autosugestionarse, de ver sólo lo que le
interesa o de evitar por todos los medios enfrentarse a lo que
teme. Mucha gente, desgraciadamente demasiada, siempre queda
bien parada al explicarse las historias que ha vivido: fracasan por
la mala suerte, consiguen siempre lo que quieren gracias a sus
méritos; en vez de reconocer que no estuvieron a la altura, son
especialistas en inventar pretextos. Evitan todos los sacrificios,
incluso los que van indisolublemente ligados con la verdadera
amistad, el amor o la solidaridad. Como a menudo ocurre, son
más amigos de ellos mismos que de la verdad. Se necesita un cierto coraje para enfrentarse a la realidad, sobre todo si ésta hiere.

A pesar de que, en general, la prudencia se haya asociado siempre a una especie de capacidad de autoprotección, de no arriesgarse y de evitar los peligros, éticamente no es éste, en absoluto, su significado.

La prudencia es nuestra adecuación a la verdad, como dijo Goethe: «Todas las leyes morales y reglas de la conducta pueden reducirse a una sola: la verdad». La prudencia es conformar nuestro querer y nuestro obrar a la realidad.

Esto, aparentemente tan técnico, tiene una importancia básica en nuestra vida. ¿Cómo actuaría alguien prudente con relación al tabaquismo o a una relación sin correspondencia? ¿Cómo nos haría actuar la prudencia hacia nosotros mismos?

- Con relación al tabaquismo detectaríamos, sin lugar a dudas, hasta qué punto es perjudicial para nuestra salud y obraríamos en consecuencia, queriendo y consiguiendo dejar de fumar.

- Quien nos hiere profundamente, a pesar de querernos, es imposible que nos quiera bien. Sabríamos ver que no es un buen amor y, sin justificarlo ni engañarnos, no seguiríamos a su lado con argumentos exculpatorios del tipo «tiene miedo al compromiso», «es alguien muy inseguro» o «está lleno de heridas y yo lo ayudaré a curarse». Alguien sin la calidad humana suficiente, alguien que no es noble ni bueno, simplemente no nos puede interesar. Y como he señalado ya, alguien rico interiormente no se deja arrastrar siempre por las pasiones, pasiones en las que ya no hay una verdad de amor que las sostenga.

Actuar de acuerdo a la verdad significa valentía y saber tomar decisiones conforme a ella.

Hacia nosotros mismos, la prudencia se traduce en vernos sin velos, sin justificarnos, y trabajar por mejorar a partir de la verdad de lo que somos. Es indispensable amar la verdad, sea ésta la que sea, porque es el fango primigenio a partir del cual podemos modelarnos.

Esta cualidad va unida a tres atributos básicos: la capacidad de reacción, nuestra capacidad de apartarnos respetuosamente y una memoria fidedigna.

La capacidad de reacción es enfrentarse a lo imprevisible, lanzarse a la acción sin caer en la injusticia, la cobardía ni la intemperancia. Es ver lo que hay y actuar de inmediato de forma correcta porque se identifica la verdad y se actúa decididamente en consecuencia.

La memoria significa ser fiel a lo que sucedió, sin intereses subjetivos, sin falseamiento interesado de lo ocurrido. De la memoria podemos sacar experiencia, lecciones del pasado.

Cree en la responsabilidad individual. Todos podemos tener una infancia desafortunada y traumas. Pero llega un momento en que o bien somos personas adultas, capaces de actuar por convicción, o bien decidimos ser el fruto desafortunado del pasado (otro buen pretexto para no crecer). No te permitas ni permitas a otros formas interesadas de contemplar vuestra historia y justificar lo que no tiene justificación posible.

También es importante **apartarse respetuosamente,** dejar que la realidad nos hable para actuar del modo adecuado. Significa alejarnos del yo, de la autarquía de un conocimiento de ficción, de la necesidad de tener siempre razón, de no querer ver «la verdad» sino «nuestra verdad» según los propios intereses.

La prudencia no tiene que ver con la astucia o la sagacidad. La prudencia no tiene nada que ver con el intrigante ser que establece contactos para medrar, que hace favores para cobrárselos algún día… La prudencia no es una astucia que nace de la avaricia, es decir, de un desmesurado afán por acumular bienes.

La prudencia es confianza, prodigalidad, libertad, capacidad de sacrificio (sí, la verdad acostumbra a comportar más sacrificios que las explicaciones a medida), serenidad y humildad hacia la objetividad verdadera. Está más vinculada con una pureza abierta y sencilla que con el utilitarismo meramente táctico. Es la base de una vida activa que se inclina a mejorar y no es para quien se contempla sino para aquél que contempla; en palabras de Lao-Tse, «quien se contempla no puede brillar». La prudencia consiste en hacerte y hacer el bien a partir de la verdad.

Así, la prudencia es una valoración objetiva de una situación concreta que se convierte en conocimiento de la realidad y, finalmente, en decisión personal.

– – – *EJERCICIO* – – –

Saber quién eres, tus debilidades, tus tendencias, tus peligros… y aprender a tratarte no en función del «ideal de amor» que albergas, sino a través de tu realidad concreta.

La justicia

Una de las definiciones clásicas de la justicia es «dar a cada uno lo que le corresponde», que pone de manifiesto que la justicia tiene una doble dirección: hacia los demás pero también hacia una misma; a ti también te corresponde algo, y buena parte de este algo sólo puedes dártelo tú.

Es de justicia que en las relaciones con los demás te corresponda, como mínimo, un trato respetuoso y educado e, idealmente, un trato sensible y generoso.

También a tu cuerpo le corresponde, por puro sentido de la justicia, que hagas lo posible para tener una salud óptima. Tus capacidades y talentos, aquello que te gusta y se te da bien, merecen ser identificados e impulsados.

Es importante determinar, a grandes rasgos, qué es lo que nos corresponde. Y establecerlo exige de nosotros mucho más que una actitud pasiva. Para obtener lo que sería justo, tenemos que permitirnos crecer en la dirección adecuada. Por poner un ejemplo, es como si a una planta le correspondiera agua y sol, y a cambio se le exigiese procesar la luz en clorofila, crecer y alimentarse correctamente. Obtener lo que te corresponde siempre va seguido de un «porque». Por ejemplo, te corresponden relaciones equilibradas y generosas porque es la forma en que logras tu equilibrio personal y para ti es imprescindible el respeto y el buen trato.

Precisamente gracias a nuestra libertad podemos elegir entre las diferentes posibilidades que nos ofrece la vida: podemos escoger la mejor o, si no hay más remedio, la menos mala. *Mejor, mala, buena...* son términos éticos. Insisto en que muchas personas no pueden elegir a nadie si no sienten una conmoción indudable, aunque la libertad humana tiene más relación con decidir dónde situar nuestro compromiso vital que una elección incuestionable.

- - - *EJERCICIO* - - -

Determina lo que es justo, es decir, lo que te corresponde. ¿Qué te corresponde físicamente? Trabajar activamente para encontrarte bien a todos los niveles: a través de la alimentación, el deporte, actividades gratificantes, aprender a gestionar el estrés y apartarte de los sentimientos debilitantes como la frustración, la tristeza y el desánimo.

Y ¿qué te corresponde con relación a tu carácter y personalidad? La posibilidad y la oportunidad de potenciar tus capacidades internas dedicando el tiempo y el esfuerzo necesario.

La humildad

La humildad no significa ni despreciarse ni no quererse, sino ser consciente de los propios límites. Nos amamos sin por ello dejar de darnos cuenta de nuestra realidad y de conocer nuestras limitaciones personales.

Ser humilde significa contentarse con ser uno mismo, no pretender ser más que uno mismo, y amarse significa no permitirse ser menos que uno mismo. Y este ser «uno mismo» no es sólo quién eres hoy, sino en quién puedes convertirte con el esfuerzo, los recursos y la dedicación necesarios.

Amar a alguien bueno, que valga la pena, tampoco es posible sin un sentimiento inicial de atracción, de la misma forma que no es posible colocar en ningún lugar el amor que sientes, por muy grande que éste sea, si la persona no vale la pena.

Que valga la pena… «¿Qué es para ti alguien que valga la pena?», puedes preguntarme. Que sea (o esté en proceso de ser) alguien maduro, que se conozca, que sepa disfrutar de la vida, que sepa superar las dificultades, que atienda y asista a las personas a las que afirma querer, que tenga valores éticos, que no acepte ser amado de una forma en que no puede amar, que con independencia de sus defectos tenga ganas de mejorar, que intente cada vez comprender mejor la vida, que tenga curiosidad cultural y que tenga una vida interior propia, un proyecto vital irrenunciable. Que no sea alguien que esté viviendo su quinta pubertad a los cuarenta. Que sea capaz de pensar y sentir y de hacerse cargo de todo ello sin caer en el relativismo, el nihilismo, el hedonismo o cualquier otra forma banal de estar en el mundo. (Véase pág. 206 sobre los términos *relativismo*, *nihilismo*, *hedonismo* y *consumismo*).

La humildad es no idealizar al otro ni perdonárselo todo, consiste en aprender a amar a los demás con sus defectos sin que ello implique convertirse en víctima de una relación. La humildad te acerca a la tolerancia, pero no a la incondicionalidad.

No hay nadie más desgraciado que quien está encadenado a sus imposibles. Una vez oí decir a una veterana y sabia actriz que la imagen que más aborrece es la de alguien en su lecho de muerte, cogido a los barrotes de la cama llorando por todo lo que no ha conseguido porque está empecinado en ver sólo los muros de su vida. Cada vez que alguien dice «no» a su vida, coloca un nuevo ladrillo en el muro de su propia prisión.

También es una exigencia narcisista creer que debes estar, sí o sí, con tal persona. No hay nadie imprescindible en tu vida, excepto tú misma.

− − − *EJERCICIO* − − −

Humildemente debes comprender que:

Vas a reorientar tu vida afectiva, y esto requiere un esfuerzo.

Vas a cambiar hábitos y eso requiere tiempo.

Vas a sufrir un período de adaptación en esta revisión de tus valores y prioridades.

Ser coherente con los propios objetivos vitales precisa un esfuerzo.

Aprender el valor de la humildad significa no confundirla con la humillación, la falsa vanidad, la prepotencia o el egocentrismo. La humildad tiene mucho que ver con el sentido del humor y la naturalidad.

La alegría

La alegría proviene de la certeza de saber quién eres y quererte por ello, proviene de la verdad interior de saber que estás yendo en la buena dirección. Es la satisfacción de tener una vida coherente con tus prioridades vitales y con tus principales objetivos. Las atenciones que te dedicas te ofrecen la oportunidad de disfrutar de un día a día con un nuevo sentido. Sabes que puedes llevar a cabo labores, trabajos (incluso algunos de ellos ingratos) con suficiente alegría, si el centro de tu ser está bien ubicado. Si tienes la sensación interior de tu fuerza y de tener las ideas claras para saber quién eres, qué necesitas y cómo conseguirlo.

La alegría es el espejo de tu fuerza interior. De esta manera, si el otro se enfada, si se aleja, si te deja, te traiciona… tienes en ti la mejor aliada para no sufrir la desesperación de perder a alguien a quien amas, porque entiendes que sólo estás perdiendo a alguien a quien no puedes amar.

Una persona simple diría: «El amor de mi vida me ha traicionado»; alguien más sabio, en cambio, se diría a sí mismo: «Me he dejado traicionar por no querer ver su alma, simplemente ha sido fiel a sí mismo. Mi deseo de amar y ser amada no me ha permitido ver la realidad. Ahora la realidad se despliega tal como es y yo me adapto a ella y la respeto profundamente, sin inútiles luchas, mirando el mundo amplio y diverso y acercándome a aquello que sí me es posible amar».

Busca una nueva alegría que provenga de ti; valora todo lo que tienes, lo que haces por ti, lo que vas a conseguir. La alegría no está en la diversión que hay fuera o en disfrutar sólo cuando todo marcha bien. Significa saber quién eres —el inmenso mundo de posibilidades que se abre a partir de ti— y estar agradecida por ello.

- - - *EJERCICIO* - - -

Detecta y mejora tu nivel de alegría. La genuina alegría se halla en actividades auténticas que desarrollen tus capacidades. La alegría es el resultado de vivir con intensidad, que no significa comprar más, ni irse más lejos de viaje.

La alegría va unida a un incremento de la vitalidad, de la sensibilidad, del pensamiento y de la productividad interna.

La serenidad

¿De qué tienes miedo? ¿De que te deje? Te dejó en el momento en que renunció a ser mejor persona. Si se perdió a sí mismo, ¿cómo no iba a perderte a ti? Fue en esta renuncia que te perdió, tal vez te perdiera incluso antes de conocerte. Si hubiera hecho un trabajo interior, si supiera amar, si fuera alguien con un proyecto sobre sí mismo… quizá tu amor le impulsara a mejorar, pero, como muy bien dice Aristóteles, uno se complace especialmente en sus propias obras, en lo que es capaz de realizar. **A alguien mediocre y limitado,** ver a alguien tan intenso, generoso y activo como tú, **en vez de estimular su mejora personal, puede fácilmente hacerle sentir incapacitado, disminuido y anulado.** El diálogo entre dos seres nobles se basa en que recibir les impulsa a dar y establecen un toma y daca maravilloso dentro de la fiesta de la abundancia. Tu amor, en lugar de impulsarlo, le humilla. Se compara contigo y se siente abrumado. ¿Qué puedo decirte de alguien a quien las capacidades de los demás le disminuyen? Que sólo sabe crecer limando su altura y, como jamás será un gigante, prefiere crear un mundo de enanos. Si alguien te empequeñece, te disminuye, anula tu voluntad, tu autoestima y te sientes cada vez más poca cosa… entonces estás, sin duda, con un narcisista zombi de quien sólo te puedes liberar dejándolo atrás.

− − − EJERCICIO − − −

Líbrate de los problemas y preocupaciones que no tengan que ver con tu momento actual. Estás en un período muy especial en que te estás cuidando y respetando de una manera nueva. Sabes que el mal amor distorsiona la realidad, te aleja de lo que es verdaderamente importante y que perdura: tu vida y lo que puedes hacer con ella.

Sin la serenidad todo puede resultar amenazante, juzgamos de manera exagerada y perniciosa, nos llenamos de miedos y extraños resentimientos. Si vives una discusión, una clara manipulación emocional… distánciate, presérvate, júzgalo de manera serena y ecuánime. Y no olvides tener objetivos y prioridades; será en lo que te encuentres y te definas. Lentamente te calmarás. Si constatas que su presencia te altera, como si de golpe en tu pecho cambiaran el corazón por una piedra… quizás es mejor decirle que le quieres tanto que necesitas decírselo con el olvido.

Incorpora la capacidad de reflexionar, relajarte y meditar. Recuerda que utilizar un lenguaje, unos gestos, una actitud ruda, contundente o violenta también dificulta tu serenidad. Detestar, murmurar o criticar son formas sutiles pero fulminantes de desviarte de esta apetecible serenidad.

No partas de falsos axiomas que te llenen de desesperación, como «no puedo vivir sin ti». Así sólo reduces el presente a la pérdida total de la esperanza hacia tu vida y tu futuro. Una tortura que en ningún caso mereces y que proviene de ti misma.

Cambia el «no puedo vivir sin ti» por el «qué puedo hacer hoy por mí».

La superación

Si tienes objetivos vitales significa que trabajas a tu favor y en contra de nadie. Que no pierdes tiempo, energía ni recursos en retener, convencer ni defenderte de nadie.

La superación es lograr que tus talentos, posibilidades, capacidades y necesidades se armonicen y fructifiquen en un sistema personal que te funcione y en el que te sientas reconocida.

Algunas personas prefieren no tener objetivos, o esforzarse muy poco, y en tal caso pueden acabar por decir: «¡Qué importa! No vale la pena intentar nada, siempre tengo mala suerte, todo el mundo me deja, no soy interesante, se ha cansado de mí porque no valgo la pena…».

La superación está en contra de la acedía, un tipo de apatía espiritual que anula la motivación y es tremendamente peligrosa porque nos impide motivarnos, tener objetivos e ilusiones.

La acedía está vinculada a la indolencia, que es una profunda desgana hacia una misma. Es como si la persona estuviera drogada de morfina espiritual. Absolutamente anestesiada para dejar de sentir dolor, pero también de sentir motivaciones, esperanzas, alegrías y placeres.

La acedía, la apatía y la indolencia son grandes obstáculos para el amor, pues convierten a las personas en hurañas. ¿Cómo definirías el hastío si no es como una tristeza sin amor?

La fe en uno mismo, en su futuro, en las posibilidades de vivir, es la cualidad que fulmina la apatía.

¿Por qué es tan difícil amar como alguien noble? Porque tenemos miedo; vivimos en una sociedad de lazos líquidos; todo es efímero, soluble, variable, evaporable… Cualquier día podemos mirar a nuestro lado y esa persona ya no está. El problema es que apostamos sobre todo por la pareja, y no por un grupo de personas que sean nuestra tribu, una familia sólida. Muchos sólo tienen amigos mientras no tienen pareja, y cambian de amigos en función de la época en que viven: tienen una amiga cuando están solas para ir al cine, salen con parejas cuando tienen pareja y salen con parejas con hijos cuando se encuentran en esa misma situación. Relaciones mutantes para salir, divertirse, tener compañía cómoda; personas sustituibles por otras en el largo camino de la vida. De nuevo, el amor utilitarista. Si amáramos de verdad a nuestra gente, a un grupo de personas insustituibles, tendríamos nuestras necesidades de afecto, cariño, amistad y estabilidad afectiva resueltas y podríamos enamorarnos de una forma más libre y auténtica, pero a menudo confundimos la pareja con todo el amor posible, con todos los lazos de afecto que nos unen con el mundo.

Además, alguien noble también considera los lazos de afecto estables. No sustituye a las personas fácilmente, se puede contar con su amor. No hay nunca garantías absolutas, pero en las personas nobles hay la posibilidad de una confianza bien fundamentada.

Superarse significa también dejar atrás situaciones incómodas de espera, de estar pendiente mientras la otra parte se toma su tiempo para decidirse, de sufrir situaciones surrealistas como dormir en un sofá esperando a ver si se acerca a ti y a la mañana siguiente desayunar, que te dé un beso extraño y te pases horas interpretando por qué te besó tan cerca de las comisuras de los labios. Es mejor resolver: hablar clara y sinceramente, expresar tus sentimientos. Puedes recibir como respuesta una negativa y eso es duro: de pronto, todas las esperanzas se han desintegrado. Parece mejor una vida con la magia de la potencialidad, del «aún es posible». Pero aprovecha las ventajas de la nueva situación: no estás ensimismada en un falso encantamiento, no estás distraída por un sueño irrealizable. Puedes concentrarte en tu vida sin sufrir situaciones incómodas que no llevan a ninguna parte.

– – – *EJERCICIO* – – –

Analiza los principales factores que llegan a causar la apatía:

La incertidumbre, no saber qué hacer, que ocurrirá, quedarte paralizada. El mal amor es un gran especialista en este terreno, en parar el tiempo y cubrirlo todo de dudas, miedos e inactividad. Tener un proyecto personal, objetivos, ganas de superarse… es el mejor antídoto contra la apatía.

El perfeccionismo. Un nivel de autoexigencia tan alto que insensibiliza para la vida real e imperfecta. También es frecuente en el mal amor con el falso ideal del amor de plenitud capaz de llenar de sentido la vida, pues de esta manera se deja a un lado el resto del mundo y todo lo que queda por vivir y por hacer parece insípido y de escaso valor.

La apatía va unida al mal humor, la desesperación, la sensación de insignificancia. Está estrechamente relacionada con no creer en la felicidad que es posible descubrir, vivir y compartir. No hay esperanzas en el futuro, los placeres no se perciben ni se ven siquiera, el futuro es incierto y se interpreta el pasado como una enorme estafa. Sentimientos terribles de haber perdido el tiempo, de no haber sabido aprovechar la vida. Quejarte, culparte y sentirte mal no te ayuda en nada: consulta de nuevo las páginas acerca de cómo evitar el reproche y la autoflagelación (pág. 147) y recuerda que no serías quien eres sin todo lo que has vivido.

Dejarse llevar por esta visión del mundo es renunciar a descubrir qué ocurriría si de verdad apostaras por tu propia vida. Muchos creen haberse descubierto y han sentenciado cómo son y cómo serán el resto de su vida, se autolimitan de un modo absurdo.

Lola tiene un trabajo extenuante: debido a la crisis, la empresa ha despedido a mucha gente y la que queda tiene peores condiciones laborales. Se acabaron las ocho horas, está trabajando cada día desde las 8 de la mañana hasta las 10 de la noche. Con una vida así, la única cosa que le apetece es salir a tomar algo y continuar con los líos sentimentales en el *pub* donde va al salir del trabajo. Lola sabe que su vida no va bien y que de este modo, tal cual, su vida tiene poco sentido. A pesar de que le encante su trabajo, ha decidido hacer un cambio. Por ello, ha empezado a salir del despacho cada día a las 6 de la tarde, crearse un buen horario y empezar a tener un día a día de calidad de tal manera que tenga tiempo para ella. Va a defender su horario, y lo que no se termine hoy ya se acabará mañana. Acepta que haya jornadas excepcionales en las que deba trabajarse más, pero no como una forma de cotidianidad. No quiere continuar comiendo mal, sufriendo de estrés y agotamiento crónico y tomando unas copas cada día para relajarse —aparte de liarse cada vez con personajes más turbios—. Si sus jefes se quejan defenderá sus derechos, no piensa esperar cinco años a que la crisis actual acabe. Su vida debe empezar ahora.

La sencillez

¿Has llegado a sentirte harta, verdaderamente colapsada por la densidad mediocre y patética de una relación afectiva problemática? Las acusaciones, los llantos, las discusiones, las respuestas fútiles, los pésimos argumentos sin un ápice de generosidad… llegan a saturarte el corazón y la cabeza… Si es así, intuyes el valor, tan discreto y necesario, de la sencillez.

Nuestra sociedad vive una guerra constante contra ella porque la sencillez se contenta con lo necesario y el consumismo se basa, especialmente, en aprender a necesitar lo accesorio. En nuestros días las relaciones se basan en un *non stop* constante… Sin el esfuerzo de buscar un tiempo y un lugar propio, te puedes escribir por mail, puedes detectar si aquella persona está disponible para un chat, tener sistemas gratuitos de conversación a través del móvil con aplicaciones como WhatsApp, los SMS, observar qué hace y con quién se relaciona en Facebook, seguirlo en Twiter… Unida a la obsesión, puedes estar veinticuatro horas con alguien sin vivir apenas nada, teniendo conversaciones insubstanciales… De esta manera sólo logramos estar menos con nosotras mismas, con nuestras necesidades reales, con un proyecto de vida sincero. Por ello es imprescindible que simplifiques tu vida. Que seas capaz de estar desconectada de la virtualidad para conectarte contigo misma, con tu presente, con tu entorno real. Permítete silenciar el móvil, establecer que cuando cenes con alguien no contestarás mensajes. Una cosa es estar comunicada y la otra estar *on line* en una verborrea infinita sin ningún mensaje claro. Las nuevas tecnologías nos ofrecen una recompensa inmediata sin apenas esfuerzo, pero debilitan tu voluntad, la necesidad de saber postergar la recompensa para apostar por valores seguros, discretos, que requieren tu concentración y tu mirada a medio y largo plazo.

Si te quiere, que te encuentre en la vida real; no permitas que nadie sustituya una relación por una comunicación virtual; que los SMS complementen las miradas y las caricias, pero que no las sustituyan. Que nadie te secuestre el corazón con cuatro insignificantes megabytes.

Puede ser un verdadero sosiego, una ansiada calma vivir sin exageraciones, sin grandilocuencias… tener algo que hacer con sentido, crearte una vida en la que te reconozcas.

− − − *EJERCICIO* − − −

No hagas las cosas complicadas cuando puedan ser sencillas, oscuras en vez de claras, ni largas y enrevesadas si pueden resultar breves y directas. Ésta también es una de las características del mal amor: todo está muy liado, hay un terrible desacuerdo de fondo que todos perciben y nadie discierne.

Facilítate las cosas al máximo para lograr tus objetivos; descubre cómo puedes lograr que todo sea más fácil, cómo te costaría menos hacer tal y cual cosa o cómo podrías adoptar una actitud más desenfadada y más divertida en tal actividad o cuestión.

Ser sencillo significa ser despreocupado pero no ser descuidado.

Los problemas pueden ser enormes, pero siempre reales y lógicos; si todo parte de un desencuentro y de un lío inmenso en el que ya no hay ningún parámetro claro, es que la relación sufre de la rocambolesca imbecilidad de personas que no son nobles.

La docilidad

Quizás en la vida hayas sido demasiado dócil con jefes tiránicos, con parejas egoístas, con familiares déspotas. Y, en cambio, no te has querido someter al esfuerzo de conseguir lo que realmente quieres para ti: allí aparecía siempre una falta de docilidad, una necesidad de rebelión extraña. Es importante determinar cuándo es necesario ser dócil y cuándo es legítima la rebeldía.

Analiza hasta qué punto has sido rebelde causándote daño y en cambio, cuando deberías haber impuesto tu fuerza, has sucumbido injustamente. Existe lo que denomino la «rebeldía transferida», que consiste en sofocar tu rebelión justa (te has obligado, resignándote, a renunciar a algo que realmente te merecías y deseabas) y dirigirla a un aspecto de tu vida sobre el cual, si te rebelabas, simplemente, ibas en contra de ti misma. Es decir: te has dejado pisar en algo y como respuesta a ello te rebelas saboteando tu propia vida. Esta definición la he extraído del mundo felino: cuando un gato está peleándose con otro gato, cualquiera que le toque en aquel momento será atacado por él, incluso su amo. Esto lleva por nombre «violencia transferida»; de la misma manera, si no podemos soportar someternos a algo injusto, pero aun así lo hacemos, nos rebelaremos contra lo primero que encontremos, que suele ser aquello que no entraña peligro: nuestra propia vida, nuestros planes, nuestros objetivos vitales.

Por volver a un ejemplo ya conocido: has permitido que te tiren encima tantos cafés que cuando estás sola te sientes tan asqueada que no te apetece cuidarte ni hacer nada por ti, hasta el punto de que te vuelves incapaz de prepararte un café para ti sola. Y con la rebelión transferida haces cosas que van en tu contra, como hincharte a comer, fumar como una loca, servirte una copa o gritarle a alguien.

- - - *EJERCICIO* - - -

La docilidad es la anulación de cualquier violencia, cualquier agresividad y oposición del camino que has decidido emprender. Es alejarse de la agitación, de la impaciencia, de la pasividad, de la inacción y de la pereza. La docilidad no sólo es una gran cualidad ética, es un fan-

tástico instrumento para conseguir los objetivos propuestos, puesto que te sometes felizmente a la estrategia que los hará posibles.

La docilidad también es respeto, protección y benevolencia hacia las decisiones que has tomado; una actitud rebelde hacia lo más real que hay en ti se traduciría en autosabotaje.

No someterte a lo que quieres y necesitas y volver a la vorágine sentimental sin metas ni sentido pueden crear en ti un desencanto hacia el mundo que llegue a hacerlo vacío de sentido.

Ten una actitud apaciguada, benevolente y paciente contigo misma. Rechaza pensamientos compulsivos, violentos e insensatos que te hagan volver a colocarlo en el centro de tu vida.

La docilidad no tiene que ver con ser servil, es lo contrario a ser colérica y difícil. Es, simplemente, tener buenas relaciones con una misma. Enfádate con las personas que lo merezcan y con las situaciones injustas, pero no te des motivos innecesarios para sentirte frustrada o enfadada contigo misma.

– – – *EJERCICIO* – – –

Explora si hay en ti una aliada pacífica que trabaje a tu lado y a favor de tus intereses; si no es así, es necesario que frustres cada ocasión de rebelión por tu parte.

La pureza y la buena fe

La pureza y la buena fe están vinculadas a una cierta limpieza del alma, del corazón, de la mente. Un cierto contacto con la inocencia. Para emprender el camino de reconstrucción de tu propia vida, es necesario actuar de buena fe, con la máxima sinceridad, con los ojos abiertos, tanto para la acción correcta como para decirte la verdad. Actuar de buena fe significa también actuar con una cierta fidelidad a lo que se cree, sin duplicidad, sin pensar una cosa y hacer otra.

Normalmente limpiamos por fuera nuestro cuerpo: nos lavamos con frecuencia, nos ponemos ropa limpia. También procuramos que nuestra casa esté aseada y arreglada. Pero la higiene no debe centrarse sólo en nuestro hábitat y nuestro cuerpo externo. Debemos aprender a limpiar nuestro cuerpo por dentro con los alimentos sanos, naturales y beneficiosos. De la misma manera, también debemos limpiarnos de pensamientos que se centren y concentren en cosas que sabes que no te convienen: pensamientos recurrentes, obsesivos, poco inspiradores y que nada te aportan pero que, en cambio, ensucian la mente y el tiempo.

Observa que todo se relaciona entre sí: limpieza de entorno, limpieza de tu cuerpo, limpieza del cuerpo a través de tu alimentación y deporte, limpieza de tu mente a través de pensamientos sanos e interesantes, limpieza de tu corazón con sentimientos buenos y positivos.

– – – *EJERCICIO* – – –

En tus relaciones personales, intenta aportar la experiencia de la vejez y la inocencia de un niño. Más sabia pero ni resentida, ni suspicaz ni vengativa. Inocente pero no cándida, ni ingenua, ni víctima fácil.

La compasión

La compasión significa, simplemente, comprender y preocuparnos por alguien que está pasando un mal momento, que ha cometido errores y que se encuentra en una situación triste, como el desamor. La compasión empieza por comprendernos y preocuparnos y, por tanto, equivale a protegerse.

No te hundes en el momento en que dejas o te dejan, sino cuando sabes que la relación es imposible. De pronto tienes una experiencia desoladora y sabes que lo que acabas de vivir es un indicador indiscutible. Te ha decepcionado profundamente y te das cuenta de que ya no hay vuelta atrás. A partir de aquí, ya es indiferente cuándo y cómo termine la relación; dónde acabará muriendo, si lo hará lentamente o por un tiro de gracia…Esto ya sólo son los detalles de un certificado de muerte anunciado.

La autocompasión implica comprenderse y perdonarse sea cual sea el daño que te hayas infligido. Este concepto es fundamental: si no eres un verdadero apoyo para ti misma, estás perdida. Ante cualquier problema te hundirás y buscarás a alguien que te distraiga de tu vida, alguien quizás tan negativo como la anterior relación.

− − − *EJERCICIO* − − −

La compasión es una virtud peligrosa: perdónate sea cual sea el daño que te hayas hecho, pero no puedes aplicar eso mismo a los demás; hay daños que no puedes perdonar ni olvidar. Puedes a partir de aquí tener una cierta amistad con esta persona, pero no puedes volver a dar otra oportunidad a la relación sentimental.

En el amor, la compasión puede convertirse en tu viacrucis. La compasión es una cualidad que demuestra tu generosidad y pureza de alma, pero tiene un reverso peligrosísimo que puede convertirte en víctima.

La idea de ética que te presento es de dignidad y nobleza, no es la moral de ofrecer la otra mejilla, no hay lugar para el maltrato en esta visión ética.

También puedo asegurarte que alguien que no siente compasión por ti, a quien tu tristeza y los llantos no conmuevan, es alguien a quien deberías dejar de respetar.

La moderación

Fíjate en lo fácil que es crear el equilibrio en tu vida. Se trata de que diversifiques y que no te concentres y reconcentres en un solo punto. Si quieres tener éxito en desengancharte de alguien, no puedes vivir centrada y obsesionada con él.

Diversifica tus actividades: lectura, paseo, trabajo, descanso... Créate una cotidianidad llena de gratificaciones. Necesitas un tiempo para **recolocarte en el centro de tu vida.** Si estás bien situada respecto a ti misma, estarás en la mejor perspectiva posible para solucionar los problemas que vayan surgiendo.

Encontrar la moderación significa que sabes establecer cuánto es bastante. Cuándo has trabajado lo suficiente, cuándo has descansado lo que necesitabas, cuándo te has divertido lo necesario. Cuando has invertido en exceso en una relación, sabes situar, en todos los aspectos de tu vida, los «insuficientes» y los «demasiados».

Debes reequilibrarte, en particular cuando empieces una nueva relación. Tienes asociado que sólo en la desmesura cohabita el deseo. De acuerdo, pero piensa también que deberás amar con los ojos abiertos para saber el punto donde un corazón debe retroceder: en la no correspondencia y en la falta de calidad humana. Saramago define el amor como la capacidad de entregarte a otro ser humano; esto implica no sólo el sentimiento de darse a alguien, sino la confianza de que al entregarte serás cuidada, que es otra forma de decir «amada».

Sin la moderación podemos caer tanto en el exceso de amar desaforadamente como de no amar lo suficiente. La moderación no es otra cosa que tener el control de lo que te conviene y saber establecer la medida en que lo que necesitas. La moderación parte de un conocimiento previo: saber dónde se hallan los propios límites. Es necesario que desees ahorrarte volver a tener el corazón roto. Pero cada uno tiene sus propios límites: el paso del tiempo y un número máximo de corazones rotos soportables marcarán el tuyo. El margen es amplio y lo más importante es conocer el propio.

Aplicando la moderación, te alejas de la necesidad de querer cada vez más y sentirte siempre insatisfecha.

La moderación no equivale a la tristeza, la debilidad constitutiva, el no poder disfrutar de la vida o a la resignación. La moderación no es la impotencia de no poder hacer lo que uno verdaderamente quiere. Es aprender a disfrutar más, de una manera más plena, lúcida y cultivada. Y recuerda la consigna de Aristóteles: alguien noble no se contenta con una versión mediocre y malsana del amor, prefiere un momento de verdadera intensidad amorosa profunda y real, que mil trifulcas en el carrusel diabólico de los espejos deformantes del amor.

¿Quién crees que disfruta más de la vida?

Caso A

A vive pendiente del móvil, se engaña y dedica todo su tiempo a ser utilizada por Y en los momentos en que éste se siente solo. A vive para un encuentro que cree que significa la gran unión definitiva de su vida sin ser consciente de que no es más que un recurso fácil para alguien que seguramente no la escogerá jamás. A es un ser empecinado en negar la realidad; está condenada a cargar con mil momentos negativos porque siempre acabará aflorando la falta de intimidad, de compromiso y de amor real.

Si lees las antiguas tragedias griegas, verás cómo los héroes siempre son castigados por padecer *hibris*. Podríamos definir la *hibris* como el no ver la realidad o no quererse someter a ella por un desmesurado orgullo. El *Tao*, en cambio, define precisamente la sabiduría como una adaptación a las reglas inviolables de la realidad. El agua halla una roca en su camino: ni se para, ni se estanca, ni se llena de verdín porque quiera precisamente atravesar aquella roca concreta, ni se queda quieta a la espera de que se desintegre por su amor y constante presión. El agua circula por otras vías, supera los obstáculos pasando por encima, por debajo, por los lados... El agua es humilde; el héroe trágico es en cambio vanidoso, se cree capaz de cambiar la realidad y padece y perece por ello porque los dioses —léase la realidad—, infinitamente más poderosos que él, le castigan. Entre el taoísmo y el héroe clásico se halla la sabiduría de vivir. Un trágico puede encarnar la imbecilidad más obtusa: querer a toda costa y de cualquier manera algo que se ha revelado a todas luces imposible. Un taoísta tampoco es la panacea, puesto que es el maestro del desapego, del no esperar nada, del vivir el ahora sin expectativas ni ilusiones, sobreviviendo a cada paso, con una aceptación absoluta que le aleja de la posibilidad de mejorar la realidad que sí es mejorable.

Caso B

Regresemos a nuestra historia. El segundo caso es el de alguien que tiene un proyecto de vida propio, unas prioridades vitales claras, unos objetivos personales en los que trabajar. Que disfruta de la cultura, de los amigos, de sí misma. Esta persona, aunque tenga la mala suerte de haberse enamorado de alguien que no vale la pena, no se engaña, así que situará como máximo esta relación en una parcela de su vida y la recubrirá de una gruesa capa para que no inunde toda su existencia.

El primero es un esclavo de algo que juzga erróneamente como esencial en su vida, y lo que es de veras esencial es que se proteja e invierta en sí mismo; el segundo supuesto es una persona que tiene la mala suerte de amar a alguien claramente deficiente.

Cuando ya no hay respeto por la persona a quien se ama, ninguna admiración, sólo un deje de decepción y un cierto malestar por sentirse tan unido a alguien que no está a la altura... de nuevo el amor más que algo vivo y con futuro es el espectro de un cadáver que aún camina.

Lo que no hará una persona noble es engañarse, malvivir y con tal de mantener al otro a su lado decirse que ha aprendido a vivir la relación felizmente. Esta segunda opción es sin duda complicada y tiene toda la pinta del autoengaño, a no ser que haya pasado de ser una historia de amor a una amistad.

La gran paradoja es que, si tienes que trabajar tanto para relacionarte con alguien como si no te importara, casi es más fácil que no te importe verdaderamente. Recuerda lo que afirmaba Aristóteles: es mejor vivir intensa y realmente un mes que malvivir en una relación de baja estofa durante años. Que todo lo que vivas sea claro, potente, intenso, noble y elevado. Un día así vale por un año de mediocridad.

Si impulsas tu vida, la relación se colocará en el lugar natural que le corresponde, y es muy probable que descubras que es algo secundario y aproblemático porque aquella persona te interesa relativamente.

La próxima vez que te enamores, no corras a sacar todos tus juguetes, talentos, capacidades, habilidades… Si se trata de alguien noble te los descubrirá sin necesidad de que hagas ostentación de ellos y, si te has convertido en alguien noble, no verás en él capacidades y virtudes que no tiene porque habrás aprendido a ver con claridad. Si es otro tú, alguien que comparte la misma visión de la vida y de lo que es el amor, sabrá reconocerte.

Te recomiendo la película *Le Hérisson* (*El Erizo*), dirigida por Mona Achache (o mejor aún, el libro). El japonés que aprende a querer a la protagonista detecta su afición a la lectura con sólo el nombre de uno de sus gatos, Léon (y hay que ser sagaz para darse cuenta de que alude al escritor ruso Tolstoi y no al rey de la selva), ve la belleza y categoría de su portera más allá de su desaliñado aspecto y descubre que es amante de la literatura pese a que esconde sus libros. Cuando se le declara, le dice: «Podemos ser amigos y todo lo que queramos. Podemos ser amigos e, incluso, todo lo que queramos». Creo que es una declaración más interesante, poética y rica de significados que «no puedo vivir sin ti», pues incluye todas las formas de amar desde la buena fe.

Es propio de la madurez personal, del sentido común, del verdadero arte de vivir, el saber conformarse con lo que la vida nos exige. Pero al margen de los escollos del amor, debes aprender a abastecerte, debes desarrollar el talento de lograr una felicidad posible: sumérgete en una bañera, un buen libro, un entorno cálido y ordenado, tu casa para ti, una buena música de fondo, una cena exquisita, tu programa favorito... Con la serenidad suficiente y la perspectiva adecuada, puedes encontrar la fórmula para sentirte contenta. Es seguramente el deseo desubicado de la realidad lo que te genera esta sensación de vacío, la inquietud, la ansiedad o el aburrimiento. «Debemos poner límites al deseo de la misma forma que debemos poner límites al miedo», dijo Lucrecio.

Aprender a contentarse es una buena fórmula del arte de vivir. Porque seguro que tu vida, a pesar de los pesares, tiene tanto por vivir, sentir, amar... que es imposible no agradecerla. La tranquilidad de espíritu no tiene nada que ver con la ausencia de ambiciones, sino con la sabiduría de no emprender batallas imposibles.

– – – *EJERCICIO* – – –

No entregarte a lo que te apasiona si te exprime el alma. En cambio, debes poder darte en la dosis adecuada a lo que quizás no te apetece pero sabes que necesitas. La persona noble sabe abastecerse de lo que precisa y modular su anhelo hacia lo que verdaderamente le conviene.

Tiene mucha relación con la prudencia, ver quién es y no darlo todo incondicionalmente y sin un progreso. La moderación, gestionar las cantidades, se regula también a través de la confianza. La confianza no es algo que regalas de entrada, sino que los demás se la ganan a través de su trato contigo.

La voluntad

La clave del éxito para conseguir lo que te propones es la práctica asidua de la voluntad. Para curar, algunas medicinas requieren su tiempo, y el tiempo por sí sólo puede ser una excelente cura. Cambiar hábitos, adoptar nuevas costumbres, incluso aprender a pensar de nuevas formas… precisa de la práctica diaria.

Es mucho más fácil tener voluntad cuando te ignora que cuando te colma de atenciones. Es aquí, en ese momento, donde debes mantenerte fuerte. Como el que desea fumar. Si es lo que has decidido y lo que quieres, vivir tu propia vida y no estar todo el día pendiente de él, ten la experiencia de que su número aparezca en la pantalla del móvil y no cojas el teléfono, no contestes sus correos, olvídate de sus SMS. Si consigues hacerlo una primera vez, será mucho más fácil la segunda. No puedes vivir en ti sólo cuando no puedas vivir en él.

La voluntad es un antídoto contra muchas cosas, en particular contra la indiferencia, la tristeza, el no saber qué se quiere… Es tener una misión, un porqué, una meta y persistir en ella.

− − − EJERCICIO − − −

No puedes vivir la vida de nadie, ni conseguir que nadie tenga un plan personal, ni unos objetivos, ni que crezca como persona. Es más, tu amor, lejos de conseguirlo, puede servirle para columpiarse o compararse. Yo, por mi lado, sé que no puedo trasmitirte ninguna cualidad ética que en el fondo no tengas o no quieras aprender a tener. Tu responsabilidad comienza y acaba en ti; puedes resultar inspiradora para alguien a quien quieres, pero tu voluntad termina allí donde termina tu vida, y por mucho tiempo y por mucho que te empeñes no lograrás, sólo por tu voluntad, que nadie cambie ni que te quiera.

La paciencia

En la Antigüedad se decía ya que quien tiene paciencia es dueño de su alma. Conviene aprender a esperar un premio mayor del que nos ofrece la satisfacción inmediata. Vivimos en una sociedad que premia la aceleración y la falta de paciencia, cuando es una herramienta fundamental para resolver conflictos y tomar las mejores opciones vitales

− − − EJERCICIO − − −

Las cosas ocurren cuando tienen que ocurrir, tienen su propio ritmo. Esperarlas ansiosamente no varía en nada su ejecución. En vez de esperar: vive, aprende, mejora.

El respeto

El respeto hacia ti misma consiste en no avergonzarse de quién eres y lo que haces. Esto incluye tanto un amor incondicional a lo que se es como el intentar que nuestros actos no nos avergüencen.

Pueden confiar en ti porque tienes la capacidad de hacer aquello en lo que te comprometes. Ser respetable significa tener palabra, ser capaz de mantener las promesas que te hagas y las que hagas a los demás. Significa que puedes comprometerte. Es parte esencial de la madurez personal y se traduce en que se te puede querer sin que hagas daño, que tu amor es benigno.

En el mal amor el respeto se pierde. El respeto es la falta de hostilidad; encontrar una distancia prudente, una confianza sin exigencias. Significa acatar sin protestas sus acciones y decisiones. Una elegancia, una consideración hacia quien amas y lo que lleva a cabo.

La respetabilidad es la certeza, la convicción de que eres alguien valioso y noble y te comportas como tal: es hacer lo que crees correcto pase lo que pase.

No te tratas con respetabilidad cuando no cumples tus compromisos, quitas importancia a tus errores y no consideras una tragedia personal el haber faltado a tu palabra.

Por un lado, es imposible amar a alguien a quien no respetas, alguien en quien no puedes confiar. Significa saber establecer el punto exacto donde acabas y empieza el otro.

La fidelidad

La fidelidad, de nuevo, significa ser dignos de confianza. No creamos nuevas leyes de conducta en función de los intereses del día; no cambiamos de creencias, de sentimientos; no creamos una explicación *prêt à porter* al servicio de nuestros nuevos intereses.

La fidelidad tiene que ver con nuestra identidad, con aquello con lo que verdaderamente nos identificamos; somos fieles cuando no traicionamos nuestra forma de ser, nuestras creencias más profundas.

Hay quien no tiene creencias, que simplemente cree lo que le interesa creer: lo que siente en cada momento. Montaigne define la *fidelidad* como el verdadero fundamento de la identidad personal.

Uno de los dilemas más difíciles de esta vida es cuando debes escoger entre serte fiel a ti misma o serlo a la persona amada. La paradoja es que sólo llegarías hasta dónde has llegado por amor, y sólo te llevarían hasta este punto si no te amaran. Cuando es necesario escoger es que no se comparten los mismos principios vitales. No puedes renunciar a tus principios sin renunciar a una parte esencial de ti misma.

Establece quién eres: si alguien enamorada e incondicional que no puede vivir sin determinada persona o alguien capaz de vivir su propia vida.

En esta pregunta te lo juegas todo, porque define tu identidad: una mujer emancipada que se convierte en un hogar para ella misma o la que decide vivir a la intemperie y en la pobreza sin su amor. De nuevo, una indigencia a la que nunca habrías llegado si hubieras sido verdaderamente amada.

¿Qué significa la emancipación en tu vida? Pensar y decidir por ti misma sin la tragedia del amor romántico. Ser una persona completa, que no necesita nadie a su lado que le diga lo que tiene que sentir, pensar y hacer. Significa responsabilizarte de tu propia vida, de tus acciones, ser alguien autónomo. No sentirte culpable por ser una persona sola. Convirtiéndote en tu hogar, hallas tu lugar en el mundo, el propio lugar al que pertenecer.

La esperanza

La esperanza consiste en una cierta fe en el propio destino. Tienes el convencimiento, indemostrable, de que lo que está por llegar valdrá la pena. Que tus conocimientos, manera de ser, forma de enfrentarte a los problemas, así como la íntima bondad del mundo y de tu destino… hacen que lo mejor esté por venir. Y eso es así porque avanzas personalmente y con el paso del tiempo tienes cada vez más recursos personales, más posibilidades vitales y gratificaciones más profundas. Porque con el tiempo mejoras, adquieres experiencia y llevas a cabo retos verdaderamente asumibles.

Eres alguien único, una amalgama exclusiva de talentos, capacidades, posibilidades y limitaciones. Es importante tener modelos inspiradores, sin que debas por ello imitarlos. Intenta adaptar a ti, a tu vida, personalidad y necesidades el contenido de estas páginas ¿Qué es lo que realmente te hace disfrutar al margen de esta relación amorosa omnipresente? Imagínate una tarde perfecta, ¿cómo sería? Llévala a cabo.

─ ─ ─ *EJERCICIO* ─ ─ ─

La seguridad hacia ti también implica que puedas protegerte de todo aquello que sabes que te perjudica. Una seguridad que también te permite expresar con tranquilidad ideas, preferencias y opiniones.

Querer sin recelo, sin sospechas, sin miradas críticas de antemano, sin aprioristicos… pero también sin negar ninguna evidencia.

Hasta aquí hemos hablado de la ética como base de una buena vida. La ética como forma de potenciarte, para orientarte en tus decisiones y para incorporar cualidades que te permitan crecer. Existen muchas más cualidades y virtudes éticas; espero que éstas te hayan servido de aliciente para conocer y ampliar este aspecto fundamental de tu vida. Podemos no triunfar en el amor, pero no llegar a ser una buena persona es el peor fracaso.

Todos, seamos como seamos, podemos ser más respetuosos con nosotros mismos, más pacientes, más voluntariosos; tener más buena fe; ser más generosos, fieles o sinceros. Nosotros, siendo nosotros mismos; tú siendo tú, con las virtudes éticas, mejoras.

Ahora vamos a empezar la tercera parte del programa. Se trata de un diálogo único, intransferible y muy necesario con tu yo más profundo. He aquí algunas pautas para conocerte, ser y actuar a partir de quien eres.

De la ética surge de manera natural el autoconocimiento, y conocerse también es otra forma de quererse.

3. Autoconocimiento

Se trata de que te acerques a ti, de que establezcas un contacto más íntimo contigo misma, que descubras lo que más te gusta, lo que necesitas en primer lugar o cuáles son tus principales talentos y vocaciones. También implica identificar el amor y la cultura como dos de los elementos fundamentales de la vida.

Como sabes (o seguramente sospechas), la cultura no es sólo una forma de pasar el rato; es una de las mejores inversiones que puedes llevar a cabo. La cultura te hace disfrutar (grandes momentos estéticos, musicales, artísticos, creativos, teatrales, cinematográficos, científicos), te permite conocerte mejor y entender mejor el mundo que te rodea y, además, aumenta tus capacidades expresivas, artísticas y reflexivas. La cultura está a caballo entre el disfrutar, el autoconocimiento y la mejora de las propias capacidades.

Puedes pensar que no es un elemento imprescindible para tus problemas amorosos, pero sin cultura la vida es tan aburrida que aumentan las probabilidades de enamorarte de alguien que te haga sufrir un nuevo episodio de enajenación transitoria.

La cultura, desde un punto de vista amplio, es todo aquello que tiene relación con un aprendizaje, un placer estético o una curiosidad intelectual. Podemos encontrar cultura en un paisaje, en una iglesia románica, en los estudios de idiomas o en la conversación con ciertas personas.

Un estudio de la Universidad Noruega de Ciencia y Tecnología asegura que la cultura eleva el estado de ánimo. Aunque sea un valor nada despreciable, no podemos reducir la cultura sólo a esta función. Por ejemplo, una comedia de Oscar Wilde puede hacernos reír y animarnos, pero leer *De Profundis*, del mismo autor, con una vida destrozada, en prisión después de conocer el éxito, nos conduce a una mayor comprensión del dolor humano.

Cuando tenemos dificultades, la cultura, nuestros aprendizajes y conocimientos son el único lugar desde donde podemos asistirnos. Sin tenernos tampoco tenemos un lugar propio para albergar nada, no podemos dirigirnos a nadie ni a nada porque no contamos con un punto estable de partida. Mediante la cultura aumentamos la comprensión de nosotros mismos, nos interpretamos mejor y nos convertimos en refugio en momentos difíciles.

Recuerda la escala de valores de Scheler; a veces es importante insistir en un arte hasta llegar a comprenderlo y disfrutarlo.

Lidia era una niña que vivía en uno de los pisos que había justo encima de un cine multisala. La dueña era muy amiga de su madre y le permitía entrar gratuitamente a ver todas las películas que quisiera. Así pues, creció viendo verdaderas obras maestras junto con películas entretenidas sin ninguna calidad. Hoy Lidia tiene treinta y siete años, y sin darse cuenta ha adquirido un gran criterio cinematográfico, un ojo clínico para detectar buenas películas. Actualmente dirige el cineclub de su ciudad, organiza ciclos de películas de determinados directores o estrena películas de poca distribución pero que son verdaderas obras maestras.

- - - EJERCICIO - - -

Piensa y establece cómo puedes mejorar tu nivel cultural. Mejorar tu nivel cultural significa invertir tu tiempo en algo interesante, estimulante, que aumente tus capacidades expresivas, de criterio e inteligencia crítica. La cultura no es un pasatiempo; es una vía de conocimiento de una misma, de la realidad y de mejora personal.

Presta atención a las señales físicas y psíquicas

Presta atención tanto a las señales físicas como a las psíquicas. El cuerpo y la mente poseen diferentes funciones para regularizarse, para encontrar su equilibrio interno, pero si la presión es demasiado intensa recibirás alarmas que te indicarán que ha llegado el momento de cambiar de actitud, de variar tu entorno, situación y comportamiento. Hay señales de *stop* claras que te indican que necesitas una mayor armonía y estabilización, que puedes encontrar con el ejercicio adecuado, el contacto con la naturaleza, la cultura, motivaciones vitales, distracciones, cuidando la comida, el reposo, una actitud optimista. Si no haces caso a las señales físicas y psíquicas, el resultado será idéntico a no respetar tus prioridades vitales y objetivos principales: la desconexión personal y el alejarte de ti misma.

– – – *EJERCICIO* – – –

Reflexiona sobre las siguientes situaciones:

Deseamos algo o necesitamos algo.

El orden de los deseos es conflictivo, a veces deseas algo que depende de ti y otras veces no:

Cuando depende de ti que se haga realidad debes luchar por ello con toda el alma, porque si no lo llevas a cabo te estarás tratando por debajo de tus posibilidades y esto conduce a la desconexión (a no hacerte caso y despreciarte).

Si no depende de ti, entonces se impone el giro de la sabiduría práctica, es decir, en vez de encadenarte a lo que no es posible, debes cambiar de actitud vital y poner tu atención en todo en lo que puedas decir que sí y que sea posible. Si te empecinas en encadenarte a un imposible a pesar de que te hayas sido fiel y te hayas escuchado, sólo puedes llegar a la frustración vital sistemática (otra forma de desconexión). Aplastada contra el muro del no, no habrás puesto atención a lo que podrías haber amado, te habrás encadenado a la parte de tu querer que es una cárcel. Para no desconectarte, sigue amando, queriendo, sintiendo motivación por todo lo que sea posible. Del diálogo entre tus deseos y la realidad nace la sabiduría.

Presta atención a las señales físicas. Si eres consciente de que algo no funciona bien, tu organismo te lo comunicará a través de ansiedad, taquicardia, enfermedades continuas, migrañas, cefaleas, dolores de espalda, problemas renales —un órgano especialmente frágil al estrés— o espasmos nerviosos como fuertes dolores abdominales. Si ignoramos sistemáticamente los síntomas físicos, también llegaremos por otro camino a la autodesconexión.

El deseo es como una brújula sofisticadísima, puede desimantarse por muchas razones; por ejemplo, que ocurra que cada vez deseemos menos, nos sea más indiferente lo que queremos, hasta que al final no sabemos ni quiénes somos ni a lo que aspiramos y llegamos al relativismo, nihilismo, hedonismo o romanticismo alienante o, incluso, en el peor de los casos, puedes llegar a ser sin darte cuenta una narcisista zombi.

El relativismo se refiere a un mundo en que no se discierne nada con claridad, todo es posible junto a su contrario, ninguna certeza se distingue ni es estable, todo es intercambiable y la verdad desaparece.

El nihilismo es la negación de toda creencia. No hay nada que se pueda saber, puesto que la verdad no existe. No hay objetivos, ni creencias sólidas. La persona, en lugar de regirse por unos ideales y principios, se convierte en un ser adaptable, utilitarista, que intenta salir con la máxima tajada posible de cada situación que viva: es el superviviente nato.

Para compensar esta falta de referentes se acostumbra a llenar este vacío existencial con **consumismo y hedonismo.** Consumiendo productos que entretengan o nos ofrezcan un símil de prestigio y seguridad, o a través de disfrutar al máximo, llegando incluso a instrumentalizar a todos y a todo para la propia satisfacción. Otra forma de llenar este vacío es a través de un **amor romántico alienante,** es decir, que nos aleje de la propia responsabilidad de vivir.

Quién eres y lo que quieres te lo dirá especialmente el corazón y la cabeza. Qué necesitas te lo indicará tu cuerpo.

Una buena forma de establecer conexiones con tu yo es identificar tus emociones, tus sentimientos y actuar en coherencia con ellos.

Establece un mapa de sentimientos y emociones

Con tu capacidad de amar, seguro que eres alguien muy emotivo y sensible. Gestionar el exceso de emotividad no es fácil, pero, si cada vez que estás ansiosa, aburrida o harta te pones al servicio de otro ser humano en vez de trabajar activamente en tu vida, estás creando hábitos en la dirección contraria a la adecuada:

1. Creas una secuencia (cada vez que pasa A hago B). Cada vez que estás ansiosa comes, fumas, te pones en contacto con él y parece que exista una relación de causa y efecto, sin haberla. No hay ninguna necesidad, ninguna cadena fija entre A y B. Has creado y has instalado dentro de tu mente una falsa relación de causa y efecto.

2. Con el paso del tiempo y habiendo adquirido el hábito, parece ineludible que cuando no sabes gestionar tus emociones caigas en una actitud errónea. Una y otra vez consigues que si pasa A, ocurra B.

Para desprogramarte es necesario llevar a cabo actos en la dirección contraria.

Hay dos normas esenciales para relacionarse con las propias emociones y sentimientos:

1. Dejarse llevar por ellos, respetarlos, escucharlos y hacer las acciones que piden (como el que tiene sed y bebe agua), o volverás a arriesgarte a la autodesconexión.

2. No pensar cosas como «no quiero estar triste, no quiero estar enfadado», porque se cumple la ley del *Tao*: lo que se resiste persiste, lo que se acepta pasa. Cuanto menos quieras estar triste, más lo niegues y más lo evites, más triste te sentirás porque estarás impidiendo la tristeza suceda y se vaya. Y quien habla de la tristeza habla de otros sentimientos. No creas que vas a estar triste para siempre, o cansada durante meses; sólo si te das la oportunidad de vivir lo que «te pide el alma y el cuerpo» te recuperarás de manera clara, sencilla y natural. Confía en ti, ofrécete el remedio que el cuerpo y el alma te piden. Si tienes un diálogo fluido contigo misma, con tu propio cuerpo, llegarás a la recuperación muy pronto.

Por tanto, recuerda: otra forma de desconexión es la negación, la renuncia y evitar aquello que sientes.

Cada emoción requiere una actitud por tu parte; te ofrezco un mapa emocional con sus requerimientos. Seguro que en poco tiempo interpretarás tus sentimientos y emociones sin dificultad y sabrás canalizarlos adecuadamente.

Emoción	Acción necesaria	Forma catastrófica de actuar
Alegría/éxito/enfado/ rabia. Se trata de una energía positiva o negativa que requiere una expansión.	Bailar, saltar, cantar, hacer una buena sesión de ejercicio. Gastar energía, especialmente recomendable ir al gimnasio con tu música preferida. Sacar la energía positiva o el exceso de negativa. Llevar a cabo una acción expansiva.	Comer, fumar, beber, ponerte en contacto con él, etc., para celebrarlo, sosegarte o consolarte…
Tristeza/decepción/ fracaso. Cansancio, agotamiento, falta total de energía.	Es necesario no tener actividades sociales, estar contigo misma. No tener miedo, es una fase de la tristeza. Permítete llorar, hacer actividades que te den protección, como estar en casa, en pijama, con una manta, al lado del fuego si es invierno. Vivir la tristeza como un período de convalecencia. No exigirte nada; reclusión, intimidad, silencio, oscuridad e intimidad para vivir tranquilamente esta etapa de tristeza sin resistirte a ella. Si haces esto sosegada y pacientemente pronto te encontrarás mejor. Negándola puede acabar en forma de depresión. No te pido que te recrees en ella, sino que permitas a tu tristeza ser curada.	Comer para animarte si te sobra peso, en particular chocolate y cosas dulces. La comida, especialmente sabores que asociamos a nuestra infancia, nos da seguridad, protección, tranquilidad, abrigo. Fumar o beber un poquito para animarte. Llamarlo o contarle lo mal que lo estás pasando. Recuerda que el mismo ser que te causa daño no puede consolarte.

Cansancio/ enfermedad física. Parecido a la tristeza pero en el ámbito físico, es necesario un período de convalecencia de la cuestión; es recuperar la salud, la energía con un «buen tratamiento».	Descansar, hacer lo mínimo posible y procurar aumentar la energía comiendo bien, durmiendo bien, haciendo ejercicio, aunque sea poquísimo: algunas piscinas, pasear….	Comer para vigorizarte o aprovechar que tienes una novedad para comunicarle que estás, por ejemplo, enferma.
Aburrimiento.	Una actividad creativa, de aprendizaje, cultural, algo lúdico, divertido… Conócete bien para darte lo que más te gusta, te interesa o te divierte.	Comer para entretenerte. Ponerte en contacto con él porque tu vida es de una insipidez total. Si tu vida no es más interesante es que no estás haciendo lo necesario de tu parte.
Desconexión. Sentirse indiferente o lejos de lo que quieres, lo que sientes, lo que deseas. Como si hubieran «desconectado» los cables de tu corazón, tu cerebro o tu cuerpo.	Debes rastrear cualquier tenue luz de deseo, de ilusión e impulsarlo. Es como si imantaras de nuevo la aguja de tu brújula interior. Lee con atención todas las páginas de este libro que hablan de la desconexión.	Vivir de cualquier forma, entrando en una espiral en que te desatiendas de todo porque ya te da igual.

Aprende a decir «no»

Es esencial saber decir «no», dominar el arte de la asertividad: no decir «sí» para satisfacer a los demás, ni ceder a sus presiones si con eso no respetas tus sentimientos, ni ceder a chantajes emocionales, ni siquiera conseguir decir «no» pero que eso conlleve un intenso sentimiento de culpa.

Para aprender la técnica de saber decir no es necesario entender que es un derecho; nos corresponde por justicia tener la posibilidad de negarnos a algo que si accedemos a ello afectará a nuestra autoestima, al margen de la importancia de poder expresar nuestros deseos y saber afirmarnos.

Pero como ya he señalado, **no le des más explicaciones, no compartas con él el proyecto de dejaros, no conviertas una discusión sin fin en una nueva forma de estar juntos.**

Existen muchas habilidades y técnicas para decir «no». Pero hay un tema aún más importante, que es saber cuándo debemos decir «sí» y cuándo es necesario decir «no». Y esto es, precisamente, lo que marca la ética.

Es evidente que hay peticiones que no se establecen en un ámbito de igualdad; son, en cierta forma, «envenenadas», porque no es posible negarse debido a que estamos en una situación de inferioridad. Por ejemplo, en el ámbito laboral y bajo la presión y peticiones de nuestros superiores. A pesar de ello, hay un límite: la ética; cuando las peticiones vulneran de un modo insostenible la justicia, podemos llegar incluso a escoger abandonar nuestro puesto de trabajo y denunciar la situación.

Sólo desde la ética nuestras negativas no serán resultado del capricho, de la inmadurez o del egoísmo sino que tendrán la fuerza de lo que es justo, y lo defenderemos con coraje porque en caso contrario chocaría con nuestros valores éticos. ¿Recuerdas la cualidad de la justicia? Dar a cada uno lo que le corresponde. En cualquier situación, ten siempre muy presente qué te corresponde a ti.

Nos corresponde a todos y cada uno de nosotros intentar ser el máximo de justos, generosos, veraces, valientes, sinceros… pero a cada uno de nosotros, individualmente, nos corresponde saber quiénes somos, qué es lo que se adapta mejor a nuestra forma de ser (esta respuesta es única, individual e intransferible y forma parte del propio conocimiento).

Si ante tu pareja, familiares y amigos te pones en último lugar, no reivindicas tus derechos, no manifiestas tus sentimientos, les estás diciendo que pueden tratarte sin ninguna consideración y que ello no supondrá ningún problema y, a la vez, también te estás diciendo a ti misma que no mereces ninguna atención especial. Quien actúa de esta forma también obtiene gratificaciones: no se exige mucho, no tiene que conseguir nada porque ni él mismo ni los otros esperan mucho de él, no contradice a los demás, no tiene problemas con ellos, evita los conflictos.

Si a la primera ocasión que te piden algo cedes —cuando tenías planificado hacer algo por ti— estás dando a entender, tanto a ti como a los demás: «No te preocupes por mí; cómo decido yo distribuirme el tiempo no tiene la más mínima importancia. No me lo tomo en absoluto en serio. En el fondo, mi vida sólo es un pasatiempo a la espera de que tú llegues y le otorgues un sentido, todo lo que leo en este libro me sirve para esperarte de una forma mucho más entretenida».

Pero no he escrito este libro para ayudarte a crear la mejor de las peores vidas posibles, sino para que te acerques a la auténtica vida que te mereces. Eso supone labrarte un estado de bienestar con independencia de si estás o no en pareja. Esto no es una vida de repuesto, del tipo «es lo que me queda sin él». Es una vida del tipo «no la voy a abandonar jamás por mucho que ame a alguien»

No seas ambigua, expón abiertamente lo que quieres decir y expresa tus sentimientos aunque te suponga algún inconveniente: una paz a cualquier precio puede ser también una tortura inmensa. No es necesario que te impongas la obligación de justificar siempre tus decisiones y actos, no hace falta que des información que no te apetezca dar. Como ya he comentado, a veces caemos en nuestras propias y absurdas trampas, como imponernos explicaciones y justificaciones larguísimas que nadie nos ha pedido y nadie precisa.

Fíjate en cómo te sientes después de ver a tal o cual persona: si feliz, energética, satisfecha o en cambio preocupada, culpable y cansada. No reflexiones ni te fuerces, a veces nuestro cuerpo nos indica con claridad de quién nos debemos alejar o la compañía de quien debemos dosificar mucho.

Aunque te dé miedo reivindicarte y tengas que superar un momento difícil, la gente respeta e incluso admira a las personas con las ideas claras, resolutivas y que dan instrucciones directas y justas; verás que te sienta mucho mejor esta actitud que desacreditarte ante los demás y ante ti misma.

Conoce tus limitaciones

Conoce tus limitaciones e intenta limarlas, pero no insistas en ser buena en aquello que se te da mal; en cambio, concéntrate en impulsar y en destacar en aquéllo para lo que tengas facilidad. Un correcto autoconocimiento en este campo es lo que marca la diferencia entre sobresalir o tener un papel mediocre.

Si sabes que tienes tendencia a ser redondita porque toda tu familia lo es y tienes una enorme carga genética, intenta estar en un peso de salud pero no pretendas ser muy delgada. Si sabes que te enamoras una y otra vez de alguien que se ha revelado como sistemáticamente negativo en tu vida, en lugar de gestionar algo imposible opta por alejarte. No pretendas ser magnífica en lo que no se te da bien. Debes tener la guardia muy alta y todos los resortes de atención activados en las situaciones de peligro que en el pasado se han manifestado como los campos de batalla en los que sistemáticamente fracasas. No te engañes pensado que en el futuro tendrás unas capacidades y recursos que se ha visto de sobra que no posees. Limítate a hacer un papel discretísimo (mediocre y nada expuesto) en aquello que no se te da bien.

Por ejemplo, si sabes que el sexo te enamora, te hace volver a desear aquel amor de plenitud como si aún fuese posible, entonces establece que si quieres contacto con él será sólo cómo amigos porque a ti el sexo te trastoca; no pretendas pasar de ser la «dama de las camelias» a ser una fría y práctica gestora emocional capaz de vivir el sexo de manera aproblemática, como si fuese una experiencia más. Son cosas que te sobrepasan y en el fondo te autoengañarías. Son fórmulas para seguir viviendo lo que erróneamente quieres (que se enamore de ti, mantenerte en la relación) con rocambolescas soluciones que no se sostienen bajo el mínimo análisis de la experiencia.

La fórmula es clara: **tú estás en primer lugar.** Tu punto de partida no es mantener la relación al precio que sea, eres capaz de no verlo nunca más si llegas a la conclusión de que eso es lo mejor para ti.

Aparta los pensamientos negativos

Los pensamientos negativos, que minan nuestra confianza, suelen basarse en grandes errores de razonamiento tales como universalizar un hecho aislado y seleccionar los datos en tu contra.

- **Universalizar un hecho aislado.** A pesar de que hayas vivido experiencias similares, no tienes por qué crear una relación causa-efecto. Que un día no hayas conseguido lo que te propones no significa que nunca vayas a conseguirlo, o lo que es aún peor: que seas una inútil, que jamás lo lograrás y que es mejor abandonar tus propósitos. No puedes extraer de una situación determinada la esencia de quién eres, no puedes permitir que un mal momento haga que te consideres una fracasada. Jamás confundas el valor de tu ser por lo que diga de ti una situación concreta. Sé justa, analiza la situación sin salir de esa situación (ayer cometí un error, mañana procuraré no volver a cometerlo) y no extraigas, falazmente, determinismos negativos sobre cómo eres. Por ejemplo, sigues este libro, una tarde te sientes mal, lo llamas, quedáis, reiniciáis la relación, vuelves a sentirte insatisfecha. No pasa nada, lo importante no son las veces que te desvíes del camino, sino que tengas un camino, regreses a él y sigas avanzando.

- **Seleccionar los datos en tu contra.** Evita mirar sólo lo peor de cada situación, fijarte en detalles que no te ofrecen una visión global (como por ejemplo sentirte demasiado ofendida por un detalle sin evaluar la trayectoria global de esa persona y llegar a la falsa conclusión de que ya no te aprecia) y no ser justa contigo misma (sin pruebas suficientes sentenciar negativamente y dejarte en mal lugar). Por ejemplo: unos compañeros de trabajo se van a comer juntos sin invitarte. Puedes pensar que ha sido una decisión espontánea y tú ya habías salido, considerar que todo el mundo tiene el derecho de salir con quien quiera y esto no tiene por qué ofenderte… cualquier cosa antes de concluir que jamás consigues integrarte en un grupo, que ya te han conocido mejor y se han cansado de ti y buscan formas para esquivarte.

Con pensamientos negativos sólo te boicoteas a ti misma, te conviertes en alguien miedoso e incapaz… A medida que crecen tus pensamientos negativos aumenta la distancia con respecto a lo que quieres porque te debilitan hasta el punto de hacer que pierdas tus capacidades.

Pensamientos como «una vez más, no lo conseguiré» o «qué sucederá si una vez más me deja» tienen que ver con una relación negativa con tu pasado. El pasado es para tenerlo bien colocado en el presente, que es otra forma de decir que la forma más inteligente de relacionarnos con nuestro pasado es hacerlo trabajar en nuestro beneficio, como fuente de experiencia, de sabiduría, de mejora, pero no para establecer conductas automáticas del tipo «si me pasó ayer, me pasará hoy y mañana». Todos merecemos una nueva y definitiva oportunidad, y ahora te la estás dando (consulta el apartado de enfrentarte al dolor en la pág. 78).

Los objetivos que has establecido son realistas, precisos y están bien formulados. Tantas herramientas, reflexiones, técnicas, valores, cualidades éticas y explicaciones de diferentes situaciones te ofrecen una solución buena y definitiva que va a repercutir en el fundamento de tu confianza.

Consigue un control emocional: debilita las emociones relacionadas con celos, rabia, envidia, egocentrismo malsano, y evita en especial el sentimiento del «descontento controlador». Es decir, estás insatisfecha, decepcionada, harta, decidida a apartarte... pero a la vez no dejas de estar pendiente de él, de si te dice algo, de si se pone en contacto contigo... para así poder castigarlo. No caigas en el error de pasar de ser alguien activo y generoso a convertirte en alguien que siente un regusto de satisfacción cada vez que le dices «no» para que sufra lo que has sufrido y puedas regocijarte en ello. Quien actúa de este modo dedica muchos recursos a observar a quién está dejando de lado. La única vía es que le ignores de todo corazón, que llegues a la indiferencia. Dedicándole recursos en negativo estás en la otra cara de la misma luna.

En cambio, potencia todas las emociones positivas, como la tolerancia, la bondad y la alegría. En este sentido, es importante una capacidad emotiva zen, es decir, ver tus emociones negativas, no alimentarlas y dejarlas pasar evitando identificarte con ellas hasta el punto de que te dobleguen.

Realiza ejercicios de meditación para controlar pensamientos obsesivos, recurrentes, que nada aportan o solucionan. La filosofía zen es clara en este aspecto: medita y observa tus pensamientos negativos sin que te afecten, como nubes que pasan y se van. Esto, añadido a la sustitución de pensamientos nocivos por otros más positivos o realiza actividades que no te permitan pensar en ello (como leer) son algunas buenas fórmulas de no vivir bajo la tiranía de los pensamientos insanos y obsesivos.

Estos pensamientos activan una parte de ti que no es interesante. No siempre debes acercarte a «todo tu ser», no todo lo «auténtico de ti» es bueno. Debes seleccionar sólo lo que te hace crecer, te alimenta y te da vida

Si no puedes evitar tener pensamientos negativos, tenlos pero complétalos con una visión positiva de ti. Por ejemplo, si llegas a pensar frases como: «nunca consigo nada en esta vida», completa la misma frase con «y a pesar de ello creo que esta vez voy a intentarlo de veras, el hecho de que nunca lo haya conseguido no implica que esta vez no vaya a lograrlo».

Con los hijos, con la pareja, con los amigos, es mejor conversar e interesarse que discutir. Evita los reproches innecesarios, en particular el desprecio que suele proceder de un desprecio de uno mismo.

Cuando tengas un pensamiento negativo, debes situarte en tu punto de partida fundamental: eres alguien que procura hacer las cosas bien, que tiene buena fe, que desea mejorar la situación… Éste es tu verdadero punto de partida, ésta es la verdad más fundamental de ti. Puedes equivocarte, pero no puedes dudar de esta verdad, de esta base irrenunciable. Es tu mejor defensa porque es tu verdad esencial, el punto de partida real que invalida todo lo demás.

Aparece la frase «no valgo nada», pero del mismo modo que aparece puede marcharse. Tú no vas a retenerla añadiendo más frases de la misma naturaleza.

Si no puedes evitar tener pensamientos y emociones negativas, sí puedes evitar retenerlos, alimentarlos y hacerlos crecer. Por ejemplo, en tu empresa pagan un plus de rendimiento y descubres que se lo han pagado a la mayoría excepto a ti. Puedes pensar cosas como: «No me extraña, soy mediocre, suerte tengo que no me echen». O puedes pensar: «Me esfuerzo cada día, pongo buena voluntad; igual hay alguna razón, como que sólo den este plus a partir de cierta antigüedad y yo sólo hace unos meses que trabajo aquí. Mañana aclararé esta prima con el departamento de personal», y te olvidas del asunto hasta la mañana siguiente.

Si no cumples tus objetivos, no te desanimes, no digas «no valgo nada», y si lo haces coloca justo a continuación tu verdad fundamental: «A pesar de ello, me estoy esforzando y no puedo negarme que pongo buena voluntad y que tengo buenas intenciones; sólo debo aprender a perseverar más».

¿Qué obtienes al no ver la realidad tal cual es? ¿Qué ganas al concluir que por un pequeño fracaso eres una fracasada? Seguramente la razón está en que es mucho más fácil no ponerse a prueba; es más descansado sentir que, al fin y al cabo, todo ha salido mal que seguir viviendo con la tensión de luchar para conseguirlo. Siempre produce menos miedo que lo peor suceda que vivir bajo la amenaza de un miedo constante. Pero no vivir y alcanzar lo que de veras quieres y mereces es una renuncia mucho más frustrante que ceder, a tan alto precio, por culpa del miedo.

Quizás has aprendido a satisfacer a todos menos a ti, y confundes lo que es una meta personal, única y necesaria con una carga más. Una confusión lógica en alguien muy exigente pero que ha dejado de lado sus verdaderos objetivos vitales. Y aun así sabes, en lo más profundo de tu ser, que este proceso no son nuevas obligaciones; es tu liberación porque te permitirá ser tú misma.

Piensa el mismo asunto desde una perspectiva más certera y positiva: ¡qué suerte que, a pesar de que lo hayas hecho mal, tengas la suficiente confianza en ti para aprender, rectificar y cambiar de dirección! ¡Qué suerte que esta experiencia te haya enseñado tanto! ¡Qué bien que hayas aprendido a no ser tan impaciente e impulsiva! ¡Qué bien que hayas dejado de ser tan exigente con lo que querías y que era lo último que necesitabas! ¡Qué bien tener unas circunstancias favorables, una buena infraestructura vital para seguir luchando! ¡Un traspié que en ningún caso significa un fracaso definitivo!

Si no puedes pensar en otra cosa, debes intentar llegar a tus pensamientos y emociones a través de una actividad que te imposibilite simultáneamente pensar, como leer, tocar un instrumento, hacer gimnasia o meditar.

− − − EJERCICIO − − −

Anota y reflexiona cuando aparezca un pensamiento o emoción negativa:

¿Qué pensamiento negativo tienes? ¿En qué emoción se traduce? Tristeza, abatimiento, sensación de fracaso, enfado. No los consideres «pensamientos reales» (consulta el mapa de emociones de la pág. 207).

¿Dicen cómo eres verdaderamente? (recuerda tu punto de partida, tu verdadera forma de ser, tu verdad fundamental).

¿Qué puedes aprender de esta situación?

¿Puedes hacer alguna actividad para relajarte y dejar de pensar en ello?

Si actúas de esta manera, sistemáticamente tus pensamientos y emociones negativas disminuirán progresivamente.

Recuerda que la imagen que tienes de ti determina el éxito de los proyectos que emprendas. A más pensamientos negativos, mayores probabilidades de hacer realidad tus peores temores.

El miedo no es un buen consejero en el amor; puedes tener tanto pánico a fracasar, a que te dejen, que, finalmente, sea muy difícil amarte. A pesar de todo, es muy posible que sientas menos miedo si tienes un yo estable, querido y bien armado de recursos a quien acudir.

De todas maneras, amar siempre es un riesgo. Platón dijo que no es sabio pedir a la política la misma exactitud que a las matemáticas, y tampoco es sabio pedir al amor las mismas garantías que a un seguro de hogar. Vivir también es un riesgo. Vivir, desgastarse, perder, sufrir... son partes de exponerte a la vida, y la alternativa sería vivir sumergida en formol. Sin embargo, una cosa es lanzarte a la piscina y arriesgarte, y otra es tirarte a la piscina sin agua. Toma todas las precauciones para saltar con el máximo ímpetu posible.

Aumenta tu energía

¿Sientes que te falta energía? Se trata de comer alimentos sanos, alejarte de la vida sedentaria, tener actitudes mentales sanas y descansar las horas que necesitas. Cualquier otro método para aumentar la energía no sería el mejor para ti.

Cuando se sufre de insomnio parece más lento y trabajoso hacer deporte, aprender a relajarse, pasar una mala época prescindiendo de los somníferos, pero es mucho mejor que acostumbrarse a dormir con pastillas.

La energía también se halla en relaciones sanas y positivas: el amor, la amistad, el contacto con la naturaleza, e intereses y motivaciones vitales.

Evita fugas de energía, como los chismorreos constantes, el charloteo absurdo, los dimes y diretes, los pensamientos parásitos y obsesivos que nada te aportan. No te enganches a una falsa intensidad, que no es más que una jarana demente, en una relación en la que siempre se viven las mismas etapas: reconciliación, sexo glorioso, discusiones, dolor, llantos, humillaciones, distancia, tiempo, silencio, aproximación, perseguidor y perseguida, reconciliación y vuelta a empezar.

Si lo analizas verás que son formas perversas de aumentar la intensidad: a través de altercados, discusiones, persecuciones y la gran satisfacción de recuperar aquello que creías perdido. En el fondo es una prueba de la insustancialidad de este tipo de amor, porque es un camino sin meta; se está enganchado a una montaña rusa, que como todas ellas tiene un circuito cerrado e idénticos movimientos. ¿Qué secreto esconden los personajes de este vodevil? Según Schopenhauer, las personas ricas de espíritu aspiran a la ausencia de dolor y de preocupación, a la serenidad, a la independencia, a la plena posesión de sí mismos porque encuentran algo efectivamente valioso en sus propias personas.

Acéptate

Es necesario tener una cierta tolerancia a la frustración. Un amor imposible lo es porque se ha querido que así sea, porque no se ha apostado por él. Si fue imposible es que hubo alguien empeñado en que no se hiciera realidad; no fuiste tú. Tienes la tranquilidad de que amaste y pusiste lo necesario para que funcionara. Deja de sentir que podrías haber hecho más; es esta sensación de «más difícil todavía», «aún puedo dar más», lo que te llevaría al agotamiento nervioso y al vacío existencial.

Deja de interpretar roles, roles que forman parte de tu pasado y que ya no son vigentes: la niña sumisa que complace a los demás, la niña rebelde que cuando no tiene al chico que desea sabotea su vida, la desorientada vital que no sabe qué le pasa, la que descubre cada semana el verdadero secreto del bienestar y empieza una nueva vida, la sempiterna víctima del amor... Son todos ellos personajes bochornosos a años luz de tu verdadera dignidad.

Los demás te tratarán como les indiques que deben tratarte. Si te comportas como alguien inseguro y sin voluntad, te tratarán justamente así: dándote lecciones, sin que tus convicciones resulten creíbles, haciéndote de padres, de jefes, de hermanos mayores, sacándote partido y utilizándote «por tu propio bien».

Por ejemplo, Lara siempre había basado el éxito de sus relaciones en no crear conflictos. No reivindicaba nada, aunque secretamente aspiraba a que su pareja se diera cuenta de lo que necesitaba. Aunque adoraba el mar, dejaba que él escogiera dónde ir de vacaciones, que solía ser a la montaña. Cuidar y hacer realidad los deseos de los demás era su prioridad, pero no por ello dejaba de tener sus propios deseos y preferencias que nadie parecía advertir. Cuando Lara empezó a hacer valer sus derechos, encontró unas resistencias durísimas, no negociaba en igualdad de condiciones; sus deseos, aunque reivindicados, seguían siendo casi invisibles. Lara comprendió que «todos perdonan a un lobo que muerda, pero nadie soporta que un cordero lo haga». A Lara ser tenida en cuenta le costó muchas crisis y discusiones. Para su pareja era mucho más fácil cuando adoptaba el papel de la solícita esposa sumisa que el de una compañera con quien compartir las decisiones.

Sabes que puedes hacer valer tus derechos, expresar tus necesidades, exponer con claridad lo que quieres sin perder por ello el amor de nadie y sin aislarte; al contrario: cuando ayudas a que los demás conozcan tus límites y al mismo tiempo tú respetas los suyos, estás construyendo una convivencia más sana, más segura y con nuevos y sólidos valores. Y si por expresarte pierdes a alguien, felicidades por haberte librado de semejante personaje.

Si has ido al gimnasio, si has hecho algo para cuidar tu imagen, si te lo has pasado bomba pintando, si estás leyendo un libro que te encanta, si cuidas a tus amigos y cenas con ellos mientras habláis de temas interesantes, te resultará mucho más difícil hacer el papel de «Juana la Loca y Felipe el Hermoso»; tendrás más cuidado porque habrás aprendido a respetarte más.

Protege tu tranquilidad

Es imprescindible que protejas tu tranquilidad: ésta no puede ser tan frágil que cualquier situación problemática te genere ansiedad. Si tu umbral de tolerancia a la ansiedad es fácilmente alcanzable es posible que acudas con facilidad a formas desviadas de calmarla, como comer, beber, fumar, caer en actitudes amorosas perniciosas (querer aclarar, perseguir, contactar, necesitar, depender…).

Existen numerosas técnicas para combatir el estrés y calmar la ansiedad: taichí, yoga, respiraciones, técnicas de relajación… aunque es el equilibrio personal, saber lo que se quiere, trabajar serenamente en ello y mejorar la calidad general de los días con actividades gratificantes, lo que constituye la mejor manera de tranquilizarse, porque es entonces cuando tu vida se fundamenta en el sentido. Una vida sin sentido, sin raíces, sin fundamentos, pero con yoga simplemente es una vida sin sentido pero con yoga.

Ninguna técnica funcionará si el núcleo de nuestro ser es frágil, fácilmente abatible y dado a desestabilizarse.

No confundas la **sensibilidad con la susceptibilidad.** Si cualquier cosa se puede convertir rápidamente en una ofensa personal o algo hiriente, debes aprender a tener la piel algo más dura. No todo el mundo merece tu ofensa, y tú eres la última que merece estar ofendida.

Ésta es otra de las características de las malas relaciones; todo el mundo es muy sensible, todo el mundo sale herido, todo el mundo se daña. Una relación equilibrada no es un continuo polvorín ni es necesario apagar un incendio cada semana. De nuevo, no es intensidad, es un desbarajuste agotador.

Aprende a gestionar el estrés

El estrés es nefasto para tu calidad de vida, tiene múltiples efectos de una gran complejidad que pueden comprometer la mayoría de funciones de tu organismo.

Psicológicamente, el estrés puede disminuir tu capacidad de concentración, de memoria, ser incluso el causante de ataques de angustia y de ansiedad.

Lo más importante es evitar los efectos continuados del estrés, que son los que provocan mayores desequilibrios.

También puede causar daño al sistema cardiovascular (libera catecolaminas y adrenalina, que favorecen la constricción de los vasos sanguíneos, el aumento de la frecuencia cardíaca y la hipertensión).

Reduce considerablemente las defensas del organismo, puede alterar la regulación de serotonina y provocar depresión.

También potencia enfermedades hacia las que tenemos una predisposición genética. Es como un generador de todo lo malo que nos puede ocurrir con las peores condiciones posibles.

El estrés es un desequilibrio entre lo que podemos exigirnos y lo que realmente podemos llegar a dar. Equilibra tus expectativas a tus capacidades reales y toma conciencia de que no eres una máquina de suministro inagotable.

Un buen ambiente es esencial para no sufrir estrés. Es tan importante tu ritmo de producción como el ambiente humano al que estás sometido. La soledad mal vivida, las relaciones poco estables o profundas, también generan estrés.

El estrés también es consecuencia de una vida con falta de sentido. No confundas el ajetreo con una ocupada serenidad. Mucha gente cree que trabajar menos o descansar es lo mejor para el estrés y olvidan que el aburrimiento es un elemento estresante. Si estás muy ocupada pero en proyectos satisfactorios e interesantes no sólo no te estresarás sino que te encontrarás satisfecha y llena de energía.

Llévate bien con la soledad

Es de una certeza diáfana que en la soledad sólo encontramos lo que a la soledad llevamos. Así pues, es necesario proveerse de muchas riquezas para reencontrarlas en nuestra soledad, porque tarde o temprano tendremos una cita con ella. La soledad puede, en diferentes momentos, ser vivida tanto como lo inevitable, lo necesario e, incluso, lo deseado.

A veces no tenemos más remedio que vivir nuestra soledad: una separación, un divorcio, la muerte de alguien cercano... convierten nuestra soledad en inevitable.

La soledad también es necesaria para llevar a cabo algunas tareas que requieren tiempo y silencio, y hay vivencias que sólo son posibles en soledad, como la creatividad (y parte de nuestro autoconocimiento), así como otras de una gran trascendencia, como nuestra llegada al mundo o la propia muerte.

A veces nos sentimos solos porque no nos sentimos suficientemente queridos y nuestra soledad se convierte en un muro que nos aleja del presentimiento de una vivencia de plenitud con otro ser humano, pero podemos convertirnos en alguien enterrado en vida, como dice una sentencia zen: ni medio vivo ni medio muerto, vivo o muerto. No te sitúes en la anemia vital, en la anorexia afectiva, en la desnutrición sentimental permanente. Es mejor una soledad abastecida que la indigencia compartida.

Para tener buenas relaciones con la soledad es **necesario convocar y hacer presentes dos sentimientos paradójicamente muy distantes: una gran humildad y una gran preeminencia del propio yo.**

Hay que asumir que con la soledad nos basta, que con la soledad nos llega, y a la vez es necesaria la excelsitud del propio espíritu para hacer que la soledad no sea una prisión de resignación sino un espacio lleno de posibilidades y encuentros que sólo son posibles en la más estricta intimidad.

Sea como fuere, es necesaria una práctica y un ejercicio de la propia soledad porque nos espera, nos acecha y nos invita a descubrirla especialmente cuando vivimos, demasiado a menudo, situaciones con personas que ni nos aportan ni les aportamos nada. Es entonces más que nunca cuando debemos hallar un aliado en nosotros mismos.

La soledad no significa aburrimiento. El mundo es un lugar de una enorme riqueza en posibilidades. Tener tiempo y un lugar para uno mismo, que proporcione soledad e intimidad para hacer lo que apetezca o simplemente estando solo, no es un castigo; es un derecho esencial.

Haz de tu vida diaria el lugar para la grandeza

No sólo puede haber sino que es necesario que haya grandeza en la cotidianidad, en lo más ordinario. En nuestro día a día tenemos todas las ocasiones que necesitamos para llevar a cabo nuestro proyecto vital.

No vivas esperando el fin de semana: tu vida puede y debe ser interesante todos y cada uno de los días de la semana.

Como he comentado en ocasiones, debes educar tu sensibilidad y saber ir más allá de la estridencia. La mayoría de la gente sólo sabe ver pasión o aburrimiento. Existe la tercera vía: una intensidad sosegada y profunda. Tiene que ver con la imagen de un mar que no ahoga, de un fuego que no quema. Está relacionada con el placer estético, profundo, basado en el tiempo invertido en aquello que aprendes a amar… de emocionarse con un concierto, de impresionarse con una obra de arte, el entusiasmo alegre de celebrar la vida con un buen amigo, la tranquilidad de espíritu ante la fiesta de los sentidos que supone disponer de un par de horas para tomarte un té y leer un libro que te entusiasma, sentirte siempre atractiva, cuando estás con alguien que te quiere de verdad, porque te ves en sus ojos tal y como te gustaría ser (y en quien finalmente te conviertes).

Unas páginas atrás he comentado que uno de los riesgos de una vida sin orientación y vacía es el hedonismo. Intentar disfrutar como sea, a cualquier precio, estar sometido al *carpe diem* (vivir el momento) puede también ser una forma de *horror vacui* (horror al vacío). Es posible estar confortablemente sin posiciones vitales extremas.

Hay dos modelos de disfrutar, el que llevaban a cabo los antiguos romanos en sus orgías, en sus banquetes interminables, en los cuales se forzaban al vómito para volver a disfrutar comiendo. Es una especie de excitación insaciable que los obliga a ser seres sensibles, condenados a deglutir, expulsar, sentir y necesitar en estado exaltado para sentirse verdaderamente vivos.

Luego está el consistente en disfrutar al máximo pero a partir de una vida bien fundamentada, orientada, con sentido. Con placeres de muchas categorías (los sensuales pero también los espirituales, intelectuales, culturales y afectivos) y sintiéndose además una persona con un proyecto y unas bases. No es lo mismo disfrutar dentro de un proyecto vital que disfrutar con la necesidad de exprimir al máximo el momento porque sólo tenemos el ahora, no hay ni mañanas ni referentes, ni nada a lo que ser leal ni fiel porque tampoco hay una identidad, una idea de sí mismo, a la que rendir ninguna cuenta.

El consumismo, en una nueva vuelta de tuerca, ha inventado el vender experiencias: viajes, productos, vivencias que son toda una inmersión de lujos, sensaciones, productos complejos que sacian, a la vez, diferentes instintos y necesidades. Pues bien, una persona bien orientada no necesita experiencias a medida porque su vida tiene sentido. No hay ninguna experiencia que se pueda comprar con dinero que sea tan importante como, por poner un ejemplo, leer la obra completa de Borges. En el primer caso vives cosas, situaciones… más o menos hedonistas (paisajes, comidas, masajes…) que, por muy agradables que sean, no son comparables a las vivencias que te comprometen hasta el punto de hacerte crecer y mejorar como persona. Quien vive una experiencia gastronómica vivirá una cena con luces y música, un buen momento a un precio a menudo desorbitado, pero quien haya leído las obras completas de Borges es alguien que sin duda ha mejorado humanamente, tiene nuevas formas de expresión, de sensibilidad, de comprensión, de análisis… Comprar experiencias puede ser divertido, curioso, simpático, interesante… pero una persona tiene una vida verdaderamente llena cuando sabe crearse sus propias experiencias, escogidas, reales, sinceras, coherentes con su trayectoria; no vive la vida en *packs* a medida, porque sabe que en el consumo sólo hay una parte muy superficial de sí mismo.

Vamos a entrar en la última fase del libro: disfrutar desde la perspectiva de una vida con profundidad y sentido.

4. Algunos pasos para disfrutar más de la vida

Aprende a llevar a cabo pequeñas renuncias que te hagan disfrutar más

Todo desarrollo personal precisa renuncias y algún sacrificio. Pero no lleves a cabo sacrificios demasiados duros, inútiles y sin sentido.

Carlota estaba profundamente triste. El gran amor de su vida la dejó por otra mujer y esperó con paciencia a que él regresara a su lado. A pesar de que impulsó su vida, progresó en el ámbito laboral, empezó clases de violín —algo que siempre había deseado— y se apuntó a un grupo de submarinismo con el que hacía unos viajes maravillosos, Carlota seguía rechazando el amor, pues de algún modo quería seguir sintiéndose libre por si su antigua pareja regresaba. Y un día ocurrió: Ignacio cortó con la chica por quien la había abandonado. De alguna manera, esperaba que se hubiera dado cuenta de que la quería de veras, pero lo único que estaba ocurriendo es que Carlota dedicaba las noches y las tardes a consolar a Ignacio de la pérdida de su antigua pareja.

Por un lado, Carlota no puede consolar a alguien que le ha hecho tanto daño. No puede consolar a su verdugo. Tampoco es justo que ahora esté languideciendo al lado de alguien que tampoco, en esta ocasión, está apostando por ella. Su sueño se ha roto; no ha regresado enamorado y convencido, sino sufriendo por una relación acabada. Se había dado una última oportunidad, pero debe claudicar: ha llegado, sin ninguna duda, al punto exacto en que un corazón debe retroceder.

Carlota debe aprovechar esta circunstancia para limpiar este amor definitivamente, quedarse sin los restos de algo que ha llamado «la última oportunidad, aún podría ser posible», debe poderse entregar a la vida sin guardar un camino siempre abierto por si Ignacio quiere volver a su lado.

Céntrate más en tus «yo puedo, yo tengo, yo vivo» que en tus «no puedo, no tengo, no puedo vivir»

Es necesario repetirlo para que quede bien claro: no hay nadie más desgraciado, que disfrute menos de la vida, que aquél que esté encadenado a lo que no puede lograr, hacer, vivir… En lo que sí puedes vivir es tan inmenso que ni con el tiempo de diez vidas podrías agotarlo.

Carlota no tendrá a Ignacio, durante muchos años ha estado esperando otra oportunidad y ahora tiene dos opciones: ver el mundo desde todo lo que es posible amar y vivir o empecinarse en un caso sin solución; si no puede aspirar a un tipo de felicidad —hay una felicidad muy concreta, con un sabor y textura muy específicos de estar al lado de la persona que ama— sí puede procurarse una vida confortable, cómoda, feliz, con interés y sentido. No será tan sublime, pero tampoco será tan falsa.

¿Por qué es el amor de su vida? Porque se ha engañado: todo lo que vivió, compartió, sintió… fue sólo cierto para ella, pero no fue vivido del mismo modo por el hombre a quien amaba. Si lo vivido hubiera sido para los dos algo tan elevado y definitivo, estarían juntos.

Vuelvo a la conclusión a la que hemos llegado juntas y no puedes abandonar: ha sido un amor imposible sólo porque él no ha querido, no ha sentido lo suficiente; entonces, si uno de los dos no ama, no puedes estar llorando por haber perdido el verdadero amor, has perdido sólo a alguien que creíste que lo era. Es muy diferente a que la muerte o un accidente te lo arrebatara, está vivo pero prefiere vivir la vida lejos de ti. Y si fuese el caso de que te amara profundamente y una fuerza imparable lo hubiera alejado, entonces sabes que cuando amas de verdad lo que quieres es que la otra persona viva con todo el amor e intensidad que tú ya no puedes vivir.

Haz de tu hogar tu refugio

Tu hogar es importante, procura que puedas sentirte a gusto en él. Es tu refugio y el lugar donde llevar a cabo un sinfín de grandes momentos y aficiones.

Ten un entorno ordenado. El orden es importante porque la armonía, la sensación de serenidad y tranquilidad que producen tienen un fuerte impacto en nuestro interior. El caos, el desbarajuste, el desorden, producen también una vida afectiva desordenada. La desorganización externa influye y es causa de la desorganización interna.

Cuida tu imagen

Procura sentirte bien contigo misma, satisfecha y a gusto. Viste ropa que te siente bien, lleva el peinado que más te favorezca...

La seguridad, quererse, estar tranquila tal y como se es, encontrar el propio estilo... es la **forma más fácil y auténtica de ser atractiva.**

La verdadera belleza consiste en ser coherente con tus principios vitales, la sencillez, la espontaneidad, así como una trayectoria biográfica interesante y que avance. La imagen de ti reside más en lo que dices, en lo que piensas, en lo que haces, que en lo que vistes. No sabes si alguien es verdaderamente atractivo hasta que no lo oyes hablar.

Disfruta con tu familia

En primer lugar, recuerda cuáles son tus prioridades. Si es tu familia, entonces no desperdicies tu energía erótica en alguien que no sea tu pareja; intenta que antes que nada tu pareja sea tu amante, amigo y confidente. Es posible que dediques demasiada energía a personas que no son tu verdadera prioridad. La energía es limitada, toda la que no conduces correctamente se desbarata.

Sólo puedes saber hasta qué punto puedes ser feliz con tu familia (sea ésta como sea: tú y tus amigos, tú y tu hijo, tú y...) si le dedicas los recursos adecuados.

Otro ejemplo: en vez de apuntar a tus hijos a un sinfín de actividades y llenarlos de horarios, prueba a hacer una actividad con ellos: pintar, cantar, leer cuentos, hacer juntos los deberes... Mientras aprenden y se divierten contigo —y tú te diviertes con ellos— estrechas los lazos. Procura que las relaciones importantes no se basen sólo en gestiones, trámites y funcionalidad diaria.

Disfruta de la creatividad

Por ejemplo, del arte, haciéndolo. ¿Nunca has deseado hacer un curso de pintura, dibujo, cerámica, fotografía, caligrafía, manualidades o restauración de muebles? La creatividad artística es una de las experiencias más interesantes que puedes vivir.

También puedes disfrutar observándolo a través de exposiciones, galerías, libros de arte, de fantásticas webs de museos de todo el mundo... Descubrir el arte de la pintura, la escultura, la arquitectura puede ser un universo fascinante.

Disfruta relajándote

Una forma inmediata de relajarte es tomar una sauna o un baño de vapor seguido de una ducha de agua fría; si tu tensión te lo permite, es una forma efectiva para relajarte.

Dedica cada noche un tiempo, una media hora, a hacer un poco de yoga o estiramientos. Al final de cada sesión reserva unos momentos para la meditación. Haz que tu inspiración sea profunda y calmada; cada vez que inspires visualiza que el aire te calma y al exhalar visualiza que te liberas de todo problema, inquietud y ansiedad.

La respiración también es una forma magnífica de estar presente ante cualquier situación tensa que precise la respuesta más adecuada. Respira, céntrate y gestiona lo que vas a hacer en aquel momento.

Disfruta de todas las posibilidades

Saber mirar, ver tu entorno habitual con ojos nuevos, ser un turista en tu propia ciudad; consulta la programación cultural con espíritu de descubrimiento o pasea a la búsqueda de algún café especial, una plaza con encanto o una iglesia con un claustro en el que puedas leer y pasear. Descubre músicas de otras épocas, como el canto gregoriano o compositores como Liszt; adéntrate en la filosofía con autores como Séneca; descubre escritoras, pintoras, pensadoras, músicas.... Una buena manera es conseguir una historia de la literatura, una historia del arte o de la música y aprender a tu ritmo, o bien apuntarte a aquel curso que siempre has deseado, o saber más acerca de un mundo que te interese, como hacer *patchwork* o bricolaje. Lo importante es que aprendas a vivir con espíritu de permanente descubrimiento. Hay miles de aventuras por descubrir dentro de tus itinerarios diarios y tus espacios habituales.

Relájate con la vista; investiga, busca y llega a los paisajes que más te relajen: el mar, las montañas... También puede ser un momento del día como el amanecer o el anochecer. En tu propia casa puedes relajarte contemplando una planta o la llama de una vela.

Descubre aromas y perfumes que te relajen: prueba con lavanda, vainilla y canela. El incienso también crea una atmósfera especial. Descubre las esencias más relajantes, que son la lavanda, la manzanilla, la flor de azahar, la mejorana, la salvia, la flor de tilo y el vetiver; también los olores de madera, como el cedro o el sándalo, invitan al descanso físico y psíquico.

Te queda el oído (la música), el tacto (los masajes, el sexo profundo de una relación sólida y no el estar limitada a alcanzar la excitación en una relación continuamente frágil, ambigua o clandestina), el sabor (como el inacabable mundo del té o las diferentes gastronomías).

Recupera una pasión del pasado

Si de más joven o años atrás tuviste que abandonar alguna pasión juvenil a causa de circunstancias familiares, ahora podría ser un buen momento de recuperar ese viejo y anhelado sueño.

Vive relaciones armónicas sin aburrirte

Suele considerarse el amor completo como un equilibrio entre la pasión, la intimidad y el compromiso. La pasión sería la atracción física y emocional, el deseo sexual intenso. La intimidad es la cercanía y proximidad, la comunicación al compartir sentimientos e ideas. El compromiso es apostar por hacer de una relación algo duradero, no poder imaginar el futuro sin la otra persona. Esta teoría triangular (con diferentes nombres y propuestas) ha sido defendida, por ejemplo, por Robert J. Sternberg.

Pero añadiría un cuarto factor, que es la armonía. El hecho de sentirte a gusto, realizada, tranquila al lado de alguien. Puedes tener una relación con mucha intimidad (tanto sexual como de grandes conversaciones), pero que la armonía sea un desastre. La armonía es el estado en que todo transcurre de una forma tranquila, sin grandes esfuerzos, en que ambos pueden sentirse a gusto, sosegadamente.

La armonía es esencial, pues existen relaciones insoportables pese a la pasión, la comunicación y el compromiso. Todo puede convertirse en un motivo de conflicto y es muy difícil disfrutar haciendo actividades comunes.

Dijo Erich Fromm que «si alguien no es capaz de desarrollar un interés auténtico hacia los demás y hacia sí mismo, no puede vivir con nadie sin asquearse al cabo de poco tiempo».

No puedo decirte más, sólo asegurarte que hay un mundo de pasión, intensidad y sentido en la capa interna —y menos visible— de la vida.

Lleva un diario de pequeños placeres diarios

Llena tu vida de pequeños placeres: un pan recién hecho, comprar los periódicos de buena mañana, acariciar a tu perro y jugar con él, viajar en tren, tomarte tu tiempo en cada comida, escuchar la radio… Aprende a decir varias veces al día: «Qué bien se vive cuando se vive bien».

Un buen objetivo para escribir un diario: que cada día encuentres un motivo para disfrutar, un instante de placer. Eso significa adoptar una determinada mirada, como la del cazador de tesoros… Escribe cada día algo que te haya gustado, con lo que hayas disfrutado, que te haya hecho feliz.

Adjunto las primeras líneas de lo que podría ser tu diario, un posible ejemplo con el objetivo de que tú crees el tuyo propio.

18 de noviembre

Hace un frío que invita a quedarse en casa y tengo la suerte de que hoy es domingo. La sensación de cobijo, de tranquilidad, de estar al amparo, me reconforta. Ha empezado a llover y las gotas golpean rítmicamente la ventana. Tengo la sensación de calidez segura, de que las preocupaciones, la vida a la intemperie, los peligros… están, como la lluvia, fuera de mi vida, fuera de mi hogar. Qué bien se está, cuando llueve, con un café caliente en casa.

19 de noviembre

Lunes. Empiezo una nueva aventura: ir en bicicleta a trabajar, descubrir la diversión de volver a pedalear y circular por calles peatonales. En una de ellas he encontrado una floristería con todas las flores cubriendo buena parte de la calle, mil colores me saludan para desearme los buenos días.

Prosigue tú, este diario de triunfos y felicidades debes continuarlo tú, la verdadera protagonista de tu vida.

Hazlo, por favor, pues cuando llegues al final de tu vida es más probable que lamentes haber perdido tanto tiempo con personas que no valían la pena en lugar de acumular buenos momentos. Si vas a arrepentirte de algo no será de no haber insistido más, de no haberte dado más a alguien que jamás acabó de amarte; en todo caso, te dolerá no haber redirigido tu tiempo hacia ti misma y hacia las personas con las que hubiera sido posible compartir la vida desde un cierto bienestar y alegría.

El bienestar y la alegría pueden parecer modestos e incluso insípidos frente al fulminante veneno del amor, pero a la larga es infinitamente más gratificante y está más cerca del secreto de vivir que un pretendido gran amor del cual confundiste su verdadero tamaño. La dicotomía no es que lo bueno sea enemigo de lo mejor, sino que lo que está bien es infinitamente mejor que un infierno.

Escribe tu historia, estoy segura de que contendrá muchos capítulos; algunos de ellos pueden referirse a conseguir objetivos, tomar grandes decisiones, hacer realidad todo lo que te propongas, tener una larga y feliz vida tal como consiguen todas las personas ricas de espíritu, fuertes, generosas y llenas de posibilidades como eres tú.

Te garantizo el amor, no sé si de alguien tan especial y excepcional como tú; no sé si encontrarás «otro tú», que es la forma en que Aristóteles definía el amor entre personas nobles. Pero, si un amor tan grande, generoso y sabio como el tuyo va dirigido a ti, te convertirás en una de las personas más amadas de este mundo. No renuncies jamás a quererte como sólo tú puedes hacerlo.

SÍNTESIS

Este libro propone un plan de trabajo (tanto para superar el desamor, como para poder vivir un amor pleno) compuesto de las siguientes etapas:

1. Tener objetivos y prioridades.
2. Adquirir y potenciar habilidades para lograr tus objetivos.
3. Mejorar tanto tu calidad de vida como tu calidad humana a través de la ética.
4. Aprender a conocerte, saber lo que quieres y especialmente lo que necesitas.
5. Aprender a disfrutar de lo que tienes, de lo que eres, de lo que sí puedes hacer, amar y vivir.

Imagínate que la vida es un viaje:

- Saber si a uno le gusta viajar, si realmente le gusta salir de casa y descubrir otros lugares, si está motivado de veras para hacer este viaje, si es algo que es fruto de su forma de ser o de imposiciones externas, sería parte del **autoconocimiento.**

- Saber conducir, saber cómo comportarse en caso de tormenta, saber montar una tienda de campaña o tener las tarjetas con fondos para pagar el hotel serían las habilidades y técnicas necesarias para **conseguir el objetivo** de llegar al destino y solucionar los problemas que surjan durante el trayecto.

- **Disfrutar** contemplando un amanecer, apartar pensamientos negativos y frustrantes, dejar de quejarte por todo, ser capaz de establecer interesantes conversaciones con tus compañeros, hacer amigos… todo ello es lo que tiene relación con el arte de vivir. Descubrir la historia, el pasado, la cultura de los pueblos que visites, hacer de cada día una experiencia intensa y única es parte del arte de saber disfrutar de la vida. **Como ves, disfrutar es sobre todo una actitud y una forma de interpretar la realidad.**

- Pero hacia dónde vas y por qué, que es lo más importante, es a lo que da respuesta la **ética**. Una respuesta ética sería: porque es un proyecto solidario o un merecido descanso. Intenta en la vida, en cualquier situación y experiencia, que en toda relación y vivencia estén presentes estas cuatro dimensiones vitales.

Te presento la síntesis de técnicas y cualidades que incluye este libro con relación a la ética, autoconocimiento, lograr objetivos y disfrutar con el símil de un árbol.

La ética son las raíces, lo que nutre todo el sistema, le otorga fuerza y estabilidad.

- El autoconocimiento equivale al tronco, saber quién se es desde el contexto en que nos encontramos. Es mediante la síntesis, las conclusiones a las que llegas entre la verdad que somos y la verdad que nos envuelve. Las ramas nos acercan a lo que deseamos, unas ramas que no son como hiedras sino que proceden de un tronco —quiénes somos y cuál es la naturaleza de la vida— y de unas raíces éticas. Por tanto, los deseos, los objetivos ya no son unos deseos del imposible, del absoluto, de aquello que nos desestabiliza, nos hace daño o nos destruye. Son deseos de mejora, de obtener cosas buenas tanto para uno mismo como para los demás.

- Los frutos y las hojas son el grado de satisfacción, de alegría, de plenitud, que se consigue con una vida bien estabilizada. Una vida así florece y fructifica. Son los resultados que siempre obtiene alguien que sabe quién es, lo que quiere y lo consigue. Alguien que tiene una vida con la que puede llegar serenamente a la muerte y decirse: «Viví lo mejor que pude, lo mejor que supe, volvería a vivir del mismo modo». Este quizás es el mejor remedio para el miedo a la brevedad de la vida y la imposibilidad de alargar el tiempo.

ÉTICA – raíces	
Establecer qué queremos dar y recibir del mundo	La ética es el resultado de una relación profunda con la vida, significa establecer que vamos a intentar recibir lo mejor de la vida a cambio de dar lo mejor de nosotros mismos.
Adquirir nuevos hábitos	A partir de la repetición de actos de la misma naturaleza que crean hábitos, los hábitos infunden carácter. El carácter de alguien ético está configurado por los hábitos que ha adquirido.
Practica la solidaridad	No sólo porque te vas a sentir mucho mejor, sino porque aportas algo bueno al mundo.
Emociones éticas	No vayas en contra de tus emociones éticas: indignarse contra las injusticias, rebelarse contra los abusos, luchar por mejorar las cosas… son emociones legítimas y loables.
Anular las actitudes mezquinas	La mezquindad va asociada a muchas otras deficiencias personales, como la envidia o la falta de honestidad.
Sencillez	Cualidad que implica no dispersarse en lo accesorio.
Docilidad	Ser un buen aliado, dócil y moldeable en cuanto a los objetivos vitales que uno se ha marcado.
Buena fe y pureza	Actúa sin doblez, con la máxima sinceridad hacia ti mismo.
Compasión	Comprenderse y perdonarse para poder ofrecerse una verdadera oportunidad.
Moderación	Descubre el punto en que ya es suficiente.
Gratitud	Sólo si estás dispuesto a recibir podrás practicar la gratitud.

Vivir las dificultades desde una dimensión ética	Es decir, para fortalecerse, evolucionar, mejorar y madurar; no para autodestruirse.
Paciencia	No sólo es una cualidad ética, sino que es un factor determinante para lograr objetivos y encontrar las mejores soluciones a los problemas.
Permisividad dañina	Una excesiva permisividad lleva a la indiferencia (todo da igual) y al relativismo (todo tiene el mismo valor).
Motivaciones éticas positivas	Los motivos, los objetivos… deben ser éticos —hacernos o hacer un bien—; es decir, positivos, que incluyan una mejora personal.
Debilita las malas emociones	Envidia, frustración, debilidad, celos… Y fortalece en cambio las emociones positivas como la tolerancia, la bondad, la alegría, la generosidad…Utiliza las técnicas para descartar pensamientos negativos, pues los pensamientos van unidos a una determinada emoción.
Relaciones respetuosas e interesantes	Cultiva siempre, especialmente con las personas más cercanas, relaciones profundas, interesantes, basadas en el respeto, la ayuda mutua y el afecto. No caigas en relaciones en las que haya desprecio; en primer lugar, porque tú no te mereces relaciones tan poco gratificantes.
Justicia	Aprende a ser justo contigo mismo y con los demás. Date lo que te corresponde en todos los ámbitos de tu vida, desde la salud a las relaciones, a la calidad y a la mejora de tu día a día.
Amor	Un verdadero amor propio es equivalente a la ética. La oportunidad de amar a alguien que se sabe amar es el equivalente al amor verdadero.
Humildad	Cualidad que significa aceptarse tal y como se es pero sin conformarse en ser menos de lo que se es.

Autoconocimiento – tronco	
El amor no es una victoria	No serás amada por mucho que te empeñes en ello. Si no te escogen sentirás dos cosas: culpa por no haber conseguido lo que más querías y pena por haber dado lo mejor de ti inútilmente; pero recuerda que el amor no es una prueba en la que no hayas conseguido la puntuación suficiente. Nunca ha dependido de ti.
Amas porque tú eres capaz	No es la otra persona quien te otorga poderes, eres tú quien tiene unas capacidades increíbles: dime cuánto amas y te diré de lo que eres capaz, pero tu amor no será capaz de crear en nadie capacidades que no tiene. Sólo muestra tus propias capacidades.
Las vivencias de verdad dejan marca	Reconciliarte con lo vivido no es lo mismo que partir siempre de cero, sin memoria. Esto tampoco significa recrearse en no superar jamás la pena.
Enfréntate con el dolor	Relativiza, comprende, perdona y libérate del daño del pasado. No escapes de él mediante actitudes equivocadas en el presente.
El vacío interior	Es fruto de una falta de implicación en la propia vida, una relación de pareja no puede llenar el propio vacío.
Establecer el punto donde debe retroceder el corazón	Ante lo imposible o lo que perjudique.
Establecer la propia identidad	Tu verdadero yo no equivale sólo a lo automático, pasional e irreflexivo. Si es así, no podemos tener un trayecto delante, sólo movimientos aleatorios surgidos de las propias pasiones y sentimientos del momento.

Definición de amor verdadero	Como un amor benigno, que te permita crecer, jamás como un sentimiento que haga sufrir. Se puede sufrir si amas, por una desgracia o por un problema, pero, si es porque no te quieren, no es amor.
No esconderse de una misma	Las personas que llegan a saber cómo son no se aparcan, ni se desconectan de sí mismas, ni se sepultan bajo una agenda de actividades frenéticas. No llevan a cabo actividades de anulación del yo porque no se soportan. No se apuntan a una maratón de meditación y yoga para desconectarse. Harán yoga y meditación después de haberse interrogado lo suficiente para saber que son actividades valiosas que quieren llevar a cabo. Parece lo mismo, pero es completamente diferente: el primer caso es una forma de esconderse y el segundo, de encontrarse. En el amor, lo mismo y más.
Cambiar de vida con sólo cambiar de comportamiento	Tener una vida satisfactoria no significa empezar siempre de cero: una nueva pareja, un nuevo trabajo o un nuevo lugar para vivir. Antes de desechar una vida es necesario saber hasta qué punto nos puede funcionar si nos implicamos en ella. Es más, ninguna vida funciona si no nos comprometemos de verdad.
Alcanzar el propio concepto de salud	Las personas que se conocen poseen una definición de lo que significa encontrarse bien, se trata de una definición más amplia que la ausencia de enfermedades: incluye satisfacción vital, bienestar emocional y físico, buenos niveles de energía…Y trabajan activamente para acercarse a este objetivo de plenitud global.
El amor y la cultura como vías necesarias de autoconocimiento	Las personas que se conocen saben que no es sólo mediante la introspección como se llega a la mejor versión de uno mismo, sino también con actividades de alto nivel existencial como la cultura.

Situar correctamente los tres tiempos (pasado, presente y futuro)	Una persona que se conoce y que conoce las reglas de la vida (que sabe que la vida es una oportunidad única y limitada) no vive anclada en el pasado y tampoco vive en un continuo presente donde no existen ni experiencias ni ilusiones. Vive el pasado como principal fuente de experiencia, vive lo mejor del día a día y lo orienta hacia el futuro, que es donde están tus objetivos.
La mejor forma que tienes de conocerte es descubrir lo que eres capaz de hacer	Una persona que se conoce aspira también a reconocerse, a darse motivos para estar orgullosa de sí misma. No es alguien que se limite a las frases de tipo «yo hubiera podido ser» o «yo pudiera haber hecho», y tampoco declara que sólo hubiera podido ser realmente feliz si hubiera sido amada por tal persona.
Anticiparse a los problemas	Quien se conoce sabe ver los futuros problemas que tendrá si no cambia de actitud. Sabe, por ejemplo, que si tiene una relación con alguien casado al cabo de unos años puede continuar en la misma situación.
Distinguir el problema	Las personas que se conocen a sí mismas detectan y definen concretamente los problemas. No se escudan en tópicos ni en prejuicios.
A solas contigo, establece tus objetivos	Conocerse es determinar qué es aquello que más se valora, se necesita o se quiere.
No ser coherente con los objetivos vitales se traduce en frustración vital	Las personas que se conocen saben que, si no se hacen caso y en sus acciones no son coherentes con lo que verdaderamente quieren, llegan a la frustración vital.

La verdadera libertad no es lo irrenunciable	Una persona que logra sus objetivos sabe que la verdadera libertad puede consistir en renunciar a los propios impulsos. Si siempre que has deseado algo te lo has dado, has establecido una pauta fija que has ido reforzando. Ahora debes aprender a hacer el proceso contrario; a medida que las exigencias de tus deseos no sean complacidas, paulatinamente se irán debilitando
Estar atento a las señales de *stop*	Las personas que se conocen tienen una relación fluida con su cuerpo y su mente, captan de inmediato las señales de *stop* como dificultades para dormir, taquicardias, etc. Saben advertir enseguida los síntomas de su cuerpo para establecer rápidos cambios en su entorno o actitudes.
Conocer las propias capacidades personales	Las personas que se conocen bien saben sacarse partido a sí mismas: se potencian en aquello en lo que tienen una facilidad especial e intentan minimizar aquello que no se les da bien. Saben que todos servimos especialmente para algo.
Evitar la actitud autorreferencial vacía	Las personas que se conocen a sí mismas saben distinguir entre preocuparse de su vida (detectando y solucionando sus problemas) y vivir centrándose en una misma sin ninguna dirección ni sentido.
Amar el proceso, los objetivos, la vida, lo que nos rodea... amar sólo lo que sea posible ser amado.	Alguien que conoce el significado más profundo de la vida sabe que sin amor perdemos el significado de quiénes somos y hacia dónde vamos.
Evita el aburrimiento	Alguien que se aburre es alguien que desconoce profundamente sus capacidades y las oportunidades que puede ofrecer el mundo. Las personas siempre insatisfechas o que no tienen nada que hacer son ignorantes de las posibilidades de la vida.

Concepción personal del amor	Las personas que se conocen tienen una concepción propia del amor, tal vez no convencional ni basada en los mitos del amor romántico sino fundamentada en el respeto, la correspondencia y la posibilidad de crecer al lado de las personas amadas.
Aumentar el nivel de energía	Las personas que se conocen saben que la mejor manera de aumentar el nivel de energía es mediante una alimentación sana, no hacer vida sedentaria, tener actitudes mentales positivas y descansar las horas necesarias. También saben que las relaciones positivas y las actividades interesantes aumentan la energía. También detectan y evitan actividades y personas que desgastan. Cuando aumentan la energía, no lo confunden con agitación porque saben cómo canalizar estas nuevas posibilidades.
La mejor forma de relajarse	Las personas que se conocen saben que la mejor forma de relajarse no es tener una vida caótica con dos horas semanales para hacer yoga. Una vida bien fundamentada y orientada es lo que más tranquiliza.
Diferenciar entre sensibilidad y susceptibilidad	Ser sensible para captar y valorar lo que nos rodea es una gran cualidad que se convierte en defecto si todos y todo puede ser una causa de agravio. Intenta distanciarte y que no todo sea motivo de agresión, entre otras razones porque puedes caer en formas injustas de interpretar a los demás.
Una soledad tratable	Ten buenos tratos con tu soledad, cuanto más rica seas más tesoros disfrutarás en tu propio palacio. Nunca debes temer tanto a la soledad como para aceptar estar con alguien por miedo a estar sola.
Aprendemos a querer aquello por lo que nos esforzamos	El tiempo, recursos y esfuerzo que dediquemos a un proyecto harán que lo valoremos más. Pasado un tiempo en que hayas apostado por ti y tu proceso se haya consolidado, tu calidad de vida tendrá un valor cada vez mayor para ti.

Evaluación	Revisa si progresas en lograr tus objetivos. Detecta errores sin culpabilizarte e incorpora mejoras.
Aprovecha las crisis personales	Toda crisis personal viene acompañada de efectos como el insomnio o la inseguridad; en lugar de apaciguarla con métodos químicos, prueba a aplicar técnicas positivas como aprender a relajarte y buscar las mejores soluciones a los problemas.
La grandeza de la cotidianidad	Puedes encontrar grandeza en la cotidianidad y en lo más ordinario: es en el día a día cuando llevamos a cabo nuestro proyecto vital.
Llevar a término un trabajo bien hecho	Indica responsabilidad y madurez personal y capacidades como superar las frustraciones y crecer ante las dificultades.
Permitírtelo todo te hace profundamente infeliz	A pesar de que pueda parecer lo contrario, permitírtelo todo no te satisface; es neurótico y contradictorio. Significaría cambiar tu argumento profundo de vida por recompensas superficiales.
Utiliza la meditación o técnicas de relajación	Descubre que puedes ser tú mismo sin pensar, simplemente viviendo el aquí y el ahora centrado en tu respiración.
Descubrir el propio atractivo	Ser alguien seguro, estar tranquilo tal y como se es, potenciar lo que ya somos… es la forma más auténtica de ser atractivo.
De lo que pienses y hables se nutrirá tu mundo	Si sólo hablas y piensas sobre problemas, frustraciones, enfados, de tu relación… Tu vida se reducirá a esto.
Cada día cuenta	No vivas esperando el fin de semana o un encuentro, cada día cuenta y es importante.
Evita el estrés	En particular el continuado, que puede causar estragos y comprometer tu salud física y psíquica.

Lograr objetivos – ramas	
Aumentar las capacidades a partir de las diferentes situaciones vitales	Las personas que logran sus objetivos adquieren nuevas capacidades a partir de cualquier situación vital en la que se encuentran.
Establecer correctamente la resolución del problema	Las personas que logran sus objetivos establecen un plan de acción seguro, claro, con etapas y que se fundamente en una estrategia sostenible y racional. Así, escogerán un método a largo plazo que cambie los hábitos, incorpore una mayor salud y bienestar, y se alejarán de actitudes extremistas, insostenibles. Prefieren acercarse paso a paso a su meta que correr en multitud de direcciones diferentes sin avanzar.
Enfrentarte a problemas complejos	Las personas que logran solucionar problemas complejos están dispuestas a trabajar, simultáneamente, desde diferentes ámbitos.
Partir de uno mismo	Las personas que consiguen lo que quieren saben que el protagonista principal, esencial e insustituible de cualquier logro es uno mismo (con todas las herramientas, ayuda de profesionales y asistencias que se quieran).
Establecer tus objetivos dentro del conjunto de elementos posibles y que dependan de ti	Una persona que logra sus objetivos establece objetivos razonables y los factores determinantes para alcanzarlos serán su esfuerzo y determinación. No tiene sueños vanos, sino posibilidades reales.

Establecer el presente como punto de partida	Las personas que consiguen lo que quieren parten del presente como punto de partida. Les da igual dónde podrían hallarse o si otras personas están en posiciones más avanzadas. Parten de su punto de salida (la situación presente en la que se encuentran) para alcanzar lo que desean.
Empezar inmediatamente cuando se sabe que la decisión es la correcta	Una persona que logra sus objetivos pasa enseguida a la acción cuando tiene la certeza de lo que debe llevar a cabo. No vive preparándose para su gran momento.
Ser contundente: concentrarse unos meses y solucionar definitivamente el problema	Las personas que logran sus objetivos no invierten medias soluciones, pocos recursos, ni mantienen el problema eternamente. Prefieren ser contundentes y radicales, invertir un tiempo concreto y resolver los problemas de una vez por todas.
Obtener resultados claros, reales y tangibles	Una persona que logra sus objetivos se orienta hacia los resultados: quiere obtener resultados concretos y no se conforma con intangibles. Por ello, en cada etapa del proceso observa si ha llegado donde había previsto.
Practicar la atención consciente	Una persona que logra sus objetivos tiene una actitud vigilante, de atención constante, para no traicionar lo que de verdad quiere.
Poner en práctica la sinergia	Las personas que logran sus objetivos tienen múltiples recursos y estrategias que ponen en marcha simultáneamente para aumentar su efectividad.
No tener miedo a fracasar	Las personas que tienen éxito superan el miedo. No lo convierten en un pretexto para no intentar conseguir lo que quieren; y, en caso de fracasar, se convierten en más fuertes por todo lo que han aprendido.

Aprender a aplazar la recompensa	Las personas que consiguen lo que quieren saben esperar para conseguir un objetivo final mejor
Hacer lo que toca hacer	Las personas que consiguen lo que quieren establecen pautas, ejercicios, un plan de acción claro… y no se autoboicotean. Establecen la mejor estrategia y, luego, simplemente, la siguen.
Tener una actitud vital positiva	Las personas que logran sus objetivos saben que el motor que les empuja es la ilusión y la alegría hacia nuevas etapas personales.
Saber defender las propias necesidades	Quien consigue lo que quiere también sabe defender sus prioridades y necesidades cuando es necesario.
Comprometerse vitalmente en aquello que se quiere lograr	Las personas que saben lo que quieren y están dispuestas a conseguirlo se comprometen de verdad en sus objetivos; de esta manera consiguen que todo confabule a su favor. No es un secreto ni sucede por arte de magia que las cosas se muevan por su impulso.
No creerse las propias excusas	Frases tópicas, falsas excusas, motivos insuficientes… son los recursos fáciles para evitar las propias responsabilidades.
Aceptar el reproche justo	Las personas que avanzan en la dirección que quieren aceptan el reproche justo como una forma de responsabilizarse de su proceso. Saben que no son infalibles y temen equivocarse y asumir errores. Se puede discutir los problemas con ellas sin que se sientan atacadas. Agradecen la oportunidad de mejorar. Aman más la verdad que su vanidad. Son lo suficientemente seguros para que una crítica no desmonte su identidad.

Dialogar con la realidad y alejarse de actitudes extremistas	Las personas que consiguen lo que quieren dialogan constantemente con la realidad y sus propias necesidades para adaptar al máximo su estrategia a sus objetivos vitales. No apuestan por hacerlo «perfecto» o hacerlo «fatal», se alejan de las radicalidades porque saben que nadie es infalible pero a pesar de ello es posible avanzar y llegar a lo que se quiere. Utilizan el sentido común, es decir, elaboran una estrategia sostenible, positiva, capaz de perdurar a través del tiempo.
No tener tiempo para la culpa o el reproche	Saben que tanto el reproche como la culpa sólo son lastres para no avanzar en la dirección que quieren.
Atreverse a probar nuevas estrategias	Muchas personas fracasan porque mantienen fidelidad de un modo absurdo a un método que se ha revelado a todas luces como un fracaso. Es necesario incorporar nuevas estrategias, nuevos métodos que a pesar de las reticencias iniciales tienen más garantías de éxito que insistir, una vez más, en el mismo plan del fracaso anunciado. Pedir, insistir, provocar que te quieran… sería un buen ejemplo.
No depender de un mal momento	Las personas que obtienen lo que desean no hacen depender su proceso de mejora de un mal momento. No tiran la toalla fácilmente.
Aprender a vivir los cambios	Las personas que logran resultados superan la ansiedad de los cambios porque saben que todo proceso de mejora los implica.
No abarcar demasiado	Las personas que consiguen lo que quieren se concentran en pocos objetivos prioritarios y no se dispersan.
Un idealismo inspirador	Sin ideales ni sueños es imposible partir de la fuerza para lograr los objetivos propuestos.

Motivación interna y externa	Las personas que consiguen lo que quieren se motivan externamente, aunque la motivación interna es para ellas la más importante.
Neutraliza los comportamientos automáticos	Los basados en repeticiones y costumbres o en aparentes certezas sobre tu forma de ser que no tienen ninguna validez.

Disfrutar – hojas y frutos	
Encontrar un tiempo y espacio diario	Disfruta a diario de un tiempo y de un espacio que sólo sea tuyo.
Tener un hogar confortable	Un hogar confortable que sea un reflejo de la propia personalidad y aficiones es un recurso de placeres inagotables.
Mejora tu calidad de vida en el trabajo	Incorpora técnicas que aumenten tu rendimiento y controlen el estrés, como incluir momentos de descanso, planificarte bien, cambiar de tarea, evitar fugas de energía inútiles.
Saber disfrutar de las pequeñas y grandes cosas de la vida sin dejar de lado las prioridades y objetivos	Aparte de los objetivos vitales que tengamos, es necesario poder disfrutar, encontrar paz y alegría en pequeñas cosas tan simples y cotidianas como un soleado domingo, un té y la prensa del día.
Pon arte en tu vida	En posibilidades tanto de expresión artística como de comprenderlo mejor.
Distingue entre labores y actividades escogidas	Incluye en tu vida actividades que hagas por afición, que disfrutes haciendo y que enriquezcan tu vida interior. Si tu vida sólo se basa en trabajos obligatorios y gestiones, te sentirás instrumentalizado. La vocación es aquello que hacemos cuando no estamos obligados a hacer nada.
Diviértete haciendo deporte	Escoge un deporte divertido, que realmente te apetezca y que te guste lo suficiente para practicarlo con regularidad.

ECOSISTEMA DIGITAL

NUESTRO PUNTO DE ENCUENTRO

www.edicionesurano.com

2 AMABOOK
Disfruta de tu rincón de lectura y accede a todas nuestras **novedades** en modo compra.
www.amabook.com

3 SUSCRIBOOKS
El límite lo pones tú, **lectura sin freno**, en modo suscripción.
www.suscribooks.com

DISFRUTA DE 1 MES DE LECTURA GRATIS

1 REDES SOCIALES:
Amplio abanico de redes para que **participes activamente**.

4 APPS Y DESCARGAS
Apps que te permitirán leer e **interactuar con otros lectores**.